**MEIN BEETHOVEN:
LEBEN MIT DEM MEISTER**

Rudolf Buchbinder

鲁道夫·布赫宾德（Rudolf Buchbinder），享誉世界的钢琴家，以诠释海顿、贝多芬和勃拉姆斯最为知名，尤以对贝多芬三十二部奏鸣曲的演奏最为经典。他所灌录的作品中贝多芬三十二部钢琴奏鸣曲全集被誉为钢琴录音典范，他也被《德国法兰克福日报》冠以"当今最重要、最具洞悉力的贝多芬作品演绎大师之一"的美誉。

1946年布赫宾德生于捷克，幼年随父母移居维也纳。从小天才横溢，五岁即被维也纳音乐学院录取，成为该院最年轻的学生，之后展开其辉煌的室内乐演奏家生涯。他也以独奏家身份与全球顶尖的古典乐团及指挥家同台演出，其中包括由安德里斯·尼尔森斯（Andris Nelsons）指挥的莱比锡布商大厦管弦乐团，由里卡多·穆蒂（Riccardo Muti）指挥的维也纳爱乐乐团，由马利斯·杨松斯（Mariss Jansons）指挥的巴伐利亚广播交响乐团，由瓦莱里·捷杰耶夫（Valery Gergiev）指挥的慕尼黑爱乐乐团和克里斯蒂安·蒂勒曼（Christian Thielemann）指挥的德累斯顿国家管弦乐团等。

我的贝多芬

与大师相伴的生活

［奥］鲁道夫·布赫宾德 / 著

马莉娜 / 译

生活·讀書·新知 三联书店

本书图片由以下机构或个人提供：
Beethoven-Haus Bonn：11 页（上、下图）、12 页、14 页、17 页、19 页、23 页、24 页（上、下图）、34 页、39 页、44 页、57 页、64 页、69 页、87 页、93 页、101 页、102 页、104 页、108 页、119 页、121 页、127 页、130 页、138 页、139 页、140 页、147 页、173 页、179 页、182 页、191 页、198 页、205 页、222 页、233 页、248 页、264 页、268 页、271 页、279 页、284 页、286 页、291 页、298 页、300 页、302 页、303 页
Beethoven-Haus Bonn, Sammlung H.C. Bodmer：16 页、31 页、77 页、91 页、125 页、143 页、160 页、186 页、189 页、194 页、214 页、235 页、295 页
Lukas Beck：目录前页、164 页、167 页（左、右图）、241 页、305 页
鲁道夫·布赫宾德：89 页、203 页、226 页、258 页
吴氏策划：目录前页（上、下图）

图书在版编目（CIP）数据

我的贝多芬：与大师相伴的生活／（奥）鲁道夫·布赫宾德著；
马莉娜译. —北京：生活·读书·新知三联书店，2021.1 （2024.5 重印）
ISBN 978 – 7 – 108 – 07014 – 2

Ⅰ．①我…　Ⅱ．①鲁…　②马…　Ⅲ．①贝多芬（Beethoven, ludwing Van 1770-1827）–生平事迹　Ⅳ．① K835.165.76

中国版本图书馆 CIP 数据核字（2020）第 219449 号

责任编辑　吴　莘
装帧设计　薛　宇
责任印制　李思佳
出版发行　生活·讀書·新知 三联书店
　　　　　（北京市东城区美术馆东街 22 号 100010）
网　　址　www.sdxjpc.com
图　　字　01-2020-6964
经　　销　新华书店
印　　刷　北京建宏印刷有限公司
版　　次　2021 年 1 月北京第 1 版
　　　　　2024 年 5 月北京第 2 次印刷
开　　本　880 毫米 × 1230 毫米　1/32　印张 10
字　　数　215 千字　图 74 幅
印　　数　4,001–4,800 册
定　　价　89.00 元
（印装查询：01064002715；邮购查询：01084010542）

维也纳中央公墓的贝多芬纪念碑，右为本书作者鲁道夫·布赫宾德

2019 年鲁道夫·布赫宾德来华演出，携手德累斯顿国家管弦乐团演绎贝多芬钢琴协奏曲全集

目　录

音乐与职业

英雄之声

热　情

中文版序言

自 1981 年 1 月 9 日我首次来华演出至今已将近四十年。当时我在北京民族文化宫举行了一场钢琴独奏音乐会，第一首曲目是路德维希·范·贝多芬的《第三钢琴奏鸣曲》，作品第 2 号。自那时起，我一直定期到中国进行大规模的巡演，过去十年间更是每年都会到访中国。这些年来，我目睹了中国的音乐生活变得越来越丰富多彩，见证了中国的古典音乐演出越来越成熟：无数新建音乐厅那令人惊叹的建筑造型、特殊的声学效果、优异的乐器保养，以及一切与演出有关的完美组织呈现。

然而，从第一刻起就最令我着迷的，是中国求知若渴、热情洋溢、跨越所有年龄层的观众。在舞台上，我感到听众正在与音乐建立起特殊的联系——也许是因为许多听众自己都会演奏乐器。我不止一次地观察到，有些观众在我演出的过程中同时翻阅着作品的乐谱。

因此，我非常期待看到本书中文版的面世。我在书中撰写的是贝多芬的生平和他三十二部钢琴奏鸣曲的故事，"与大师相伴的生活"这个副标题准确地描写了我写作的角度。我一直是贝多芬作品的诠释者，在我的演奏生涯中，曾在世界各地演奏了60次贝多芬的全套三十二部钢琴奏鸣曲，这当然也包括中国。

尽管如此，我每次处理贝多芬钢琴作品的时候仍会感到惊讶。接二连三地，在准备登台演奏的过程中，总有令人惊讶的新发现跃入我的眼帘。也正因为如此，我开始记录关于贝多芬的种种发现。书中对贝多芬每部钢琴奏鸣曲的描述并不是为了进行科学分析，而是从诠释者的角度，把每部奏鸣曲看作贝多芬人生路上的节点，从而演绎这些伟大的作品。

令我十分着迷的是，这位居住在维也纳的德国作曲家于出生250年后能够在中国吸引广大乐迷的关注。谭盾的最近一部作品充分说明了贝多芬作品在中国的流行程度：我请谭盾与其他十位来自世界各地的作曲家一道，在我的最新项目《迪亚贝利2020》中通过作曲的方式与贝多芬进行对话。

贝多芬的天才之处仍活在许多中国人的脑海和心中。愿本书能对此有所贡献。

鲁道夫·布赫宾德

2020 年 4 月于维也纳

前　言

　　对于通常所说的古典音乐而言，路德维希·范·贝多芬
（Ludwig van Beethoven）的作品，无疑是最受欢迎的之一。关于他的
作品和生平有数不胜数的著作，包括您现在手中这本：《我的贝
多芬：与大师相伴的生活》——从副标题便一目了然。我作为演
奏者的人生始终与贝多芬相伴，从我音乐生涯初始，他的音乐就
始终令我着迷——这意味着我全部的生活！

　　第一次作为钢琴演奏者尝试表演贝多芬的作品时，我只有 7
岁：作为维也纳音乐学院（Wiener Musikakademie，即今日的维也纳音
乐大学）最年轻的钢琴专业学生，在第一个演奏夜，我弹奏了贝
多芬 G 大调变奏曲。当时我还是玛丽安娜·劳达老师（Marianne
Lauda）的预科学生。1959 年，在我作为布鲁诺·赛德霍夫先生
（Bruno Seidlhofer）正式学生的第一个"班级夜"上，贝多芬 f 小
调第一钢琴奏鸣曲（Op. 2 No. 1）同样出现在我的曲目单上。在两
年前，也就是 1957 年 12 月 6 日，在维也纳音乐厅的莫扎特厅
（Mozartsaal des Konzerthauses）中，我已被允许作为独奏者在交响音
乐会上完成"正式"演出，当时乐单上就有贝多芬 C 大调第一

钢琴协奏曲（Op. 15）。与学院管弦乐团一起，我们还演奏了莫扎特的回旋曲（KV 382）。几周之后，在维也纳金色大厅我的首演中，我也弹奏了相同的曲目。当时曲目单上我的名字还被写作"鲁迪·布赫宾德"（Rudi Buchbinder）。当我被传奇钢琴家、教育者赛德霍夫先生录取时，其实我只是个孩童。

在"维也纳儿童三重奏"（Wiener Kindertrio）乐团，我完成了自己第一个"贝多芬全集"的表演，那时乐单上写的并非钢琴奏鸣曲，而是钢琴三重奏。我第一个真正意义上的贝多芬独奏音乐会是 1961 年 5 月 10 日在维也纳帕菲宫（Palais Palffy），演出中我弹奏了贝多芬 D 大调第七钢琴奏鸣曲（Op. 10 No. 3）、降 E 大调第十八钢琴奏鸣曲（Op. 31 No. 3）、E 大调第三十钢琴奏鸣曲（Op. 109）、c 小调变奏曲及一些别的小曲。那次演出如此成功，以致两周后不得不加演。当时我做梦都无法想象，自己的首次贝多芬奏鸣曲全集演奏，是在这样的世界性大音乐厅中进行，并能两次灌录唱片和 CD。

那次全集演出及唱片录制是以充分准备为基础的，这让我至今受益。在第一次去录音室前，我花费大量时间去研究约瑟夫·海顿（Joseph Haydn）的全部钢琴奏鸣曲。这位大师谱写的 50 多首奏鸣曲中，只有极个别的成为我们今日音乐会的常见曲目。对于贝多芬来说，海顿不仅仅是一位曾教授他数月的老师，更是他的榜样。虽然在贝多芬成为海顿的学生后，出现了一些问题，贝多芬曾抱怨这位师长并未在自己身上"倾注心血"，但这位老师依旧让贝多芬受益无穷。对于我来说，那些并不出名的海顿钢琴作品，是让我能更好驾驭古典主义风格作品的绝佳素材，也正是贝多芬将这种风格推向顶峰（更确切地说是加以超越）。

在我的艺术之路上，对贝多芬钢琴室内乐的研究一直贯穿始终，就我个人而言，构建对贝多芬的理解同样十分重要。关于如何划分乐句和如何演奏，钢琴演奏者可以从弦乐演奏家，如亨利克·谢林（Henryk Szeryng）、内森·米尔斯坦（Nathan Milstein）、斯塔克·亚诺什（Starker János）那里无限受益，就像从管乐演奏者那里学习音乐的呼吸一样。在我第一个萨尔茨堡音乐节的音乐会上，选择贝多芬作品绝非偶然：那是一个夏季室内音乐会，在莫扎特音乐大厅（Großer Saal des Mozarteums）中，我与维也纳爱乐乐团的成员们共同演奏了贝多芬钢琴与管乐五重奏（Op. 16）。同样，我还花费了很长时间关注贝多芬同时期的音乐，这并非指海顿、莫扎特还有贝多芬本人这些维也纳古典乐派大师，也不是弗朗茨·舒伯特（Franz Schubert），而是说那些所谓的"小众大师"，如扬·沃齐谢克（Jan Hugo Worzischek）。1961 年我曾在维也纳音乐协会（Wiener Musikverein）的勃拉姆斯厅中演奏过他的 b 小调奏鸣曲（Op. 20），直至今日我仍能演奏这部作品！那些现在沉睡于文献中、未被关注的大量乐曲，帮我进一步完善了心中关于贝多芬那无与伦比巅峰时代的画卷。同样，对于 1800 年后的乐友们——那些自愿投身音乐，并将其推向更高层次的听众和业余爱好者们——来说，贝多芬创作的这种全新的、诠释出"音乐"一词本真的作品，令他们深感不可思议。

研究贝多芬的钢琴作品总能给我带来惊喜，每当我为准备演出阅读总谱时，总会有新的收获跃入眼帘，即使已经弹奏过上百次的乐曲，再次翻看时依旧如同初遇。这也是我准备提笔写下自己对贝多芬之发现的原因。与分析乐谱并行的是对贝多芬其人的研究，这是以极为丰富的原始资料，如他的信札、笔记及同时期相关记载为基础的。当我准备将这本札记作为我的"贝多芬传"公布于世时，友人们告诉我，对于那些听过我贝多芬作品演奏，或对此深怀兴趣的人来说，这本耗时十余年之久，并始终饱含热情的研究之作，会令他们深感珍贵并极为期待。关于贝多芬的研究作品永远层出不穷，但也许没有这样一本书，它用宏观的视野和尽可能浅显易懂的语言，将这位大师的人生之路与艺术发展相互交织、徐徐展开。

对贝多芬钢琴奏鸣曲的研究构成了本书的基本框架，这源于我个人的演奏实践。此外，本书还加入了编年体方式对贝多芬生平的概述，美国音乐学者亚历山大·塞耶（Alexander Wheelock Thayer，1817—1897）的五卷贝多芬研究著作中，至今尚未被超越的详实论述，构成了本书最重要的资料来源。

翻开贝多芬的每一部奏鸣曲，就仿佛行走于他人生之旅的每一站。对于我来说，学术分析并非初衷，从各个角度展现贝多芬音乐的魅力才是我的心愿。这里有个源于演奏技巧的视角：当形式的革新将观察聚焦于内容本质时，乐曲结构的层次性和色彩感更能被最佳感知。

借此机会，本书还想修正过去对贝多芬的刻板印象——一位充满英雄色彩，却阴郁易怒、郁郁寡欢、背负"宿命"的作曲家。当人们将贝多芬饱受打击、坎坷多舛的一生与他同时期的作品"一同思考"时，理解也自会不同。更多时候，我们将看到一个亲切、极具幽默感并非常善于倾听的人。他拥有如赞美诗般的奋进感、如战斗般的音乐表达力。显而易见：贝多芬从未仅从生活中选取片段，他将一切都写入音乐。

若人们想沿着蛛丝马迹一觑音乐宇宙的奥秘，理解贝多芬将是必由之路。这其中却常有误解：那些被出版者、乐评家冠以不合理名字的乐曲（《月光》奏鸣曲[1]就是所述的众多例子之一）常被当作入门作品，许多贝多芬音乐的编者与出版商也同样在这么做。多年来，我收集了超过35种包含贝多芬三十二部钢琴奏鸣曲的乐谱合集，其中包括贝多芬手稿的珍贵摹本，虽存争议，却极具指导性：若贝多芬对某个指定乐段（或演奏指令）进行标注，此处传达的音乐特性通常会优于其他印刷版本，手稿因此也被称为"原稿"。本书将引入对原稿的研究，这会对乐迷们理解作品大有助益。

总的说来，本书并非以成为学术著作为目的，也并不致力于日期和史实的考据。它更像是在日积月累中逐渐成形、帮助乐迷朋友们加深对贝多芬音乐理解的札记。这也是我个人的心愿——它源于我在研究贝多芬过程中永怀激情的个人经验，或那些如我一般、已将贝多芬第五钢琴协奏曲或《热情》奏鸣曲（Appassionata）演奏过四五百遍的人。

归入正题前，我需向波恩贝多芬故居博物馆馆长米夏埃尔·拉登伯格先生（Michael Ladenburger）致以诚挚谢意，他所提供的配图，极大地丰富了本书的图像信息。

鲁道夫·布赫宾德

2014 年 7 月

1　即贝多芬升 c 小调第十四钢琴奏鸣曲（Op. 27 No. 2）。——译者注（以下从略）

从海顿手中，
接过莫扎特的灵魂

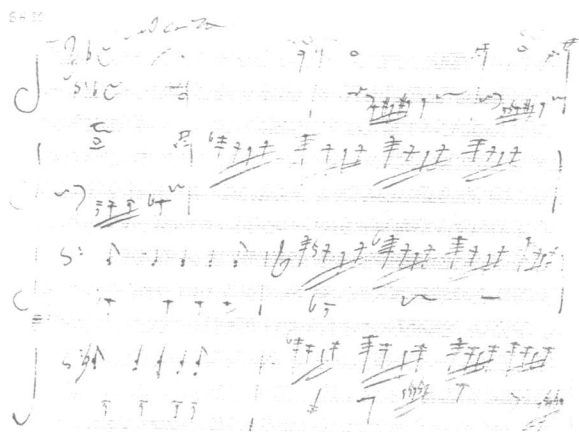

波恩的音乐家

那是 1770 年 12 月月中的一天，当路德维希·范·贝多芬在德国波恩出生时（他的受洗日是当月 17 日），选帝侯[1] 马克西米利安·弗里德里希（Maximilian Friedrich）[2] 已统治其领地将近十年。他被认为是当时具有仁德的统治者。虽然，这些仅是有趣的历史细节，但当我们将讲述对象聚焦于"维也纳三杰"之一时，这些信息也许并非毫无意义。贝多芬当然无法预料，他在哈布斯堡王朝统治下的降生，将成为音乐史上的动人一笔。

马克西米利安·弗里德里希是一位极具仁德的君主。但当他即位时，必须继承的还有沉重的负担：前朝国库严重亏空，给新继任者的臣民们留下了最初的负面印象。他必须节俭。一首短诗体现了那时的民意：

克莱门斯·奥古斯特[3] 让人们拥有蓝与白，

人们的生活仿佛置身天堂；

马克西米利安·弗里德里希让人们背负红与黑，

1　1356 年颁布的《黄金诏书》（Goldene Bulle）规定了七位有权被选举成为"罗马人之王"及神圣罗马帝国皇帝的诸侯，包括三位宗教选侯（美因茨大主教、科隆大主教、特里尔大主教）和四位世俗选侯（波希米亚国王、莱茵－普法尔茨伯爵、萨克森－维滕贝格公爵、勃兰登堡藩侯）。选帝侯在其邦国内享有大部分统治权，皇帝不得进行干涉。

2　1708—1784，于 1761 年至 1784 年任科隆大主教。

3　即克莱门斯·奥古斯特·冯·默勒（Clemens August von Merle，1732—1810），曾为科隆辅理主教。

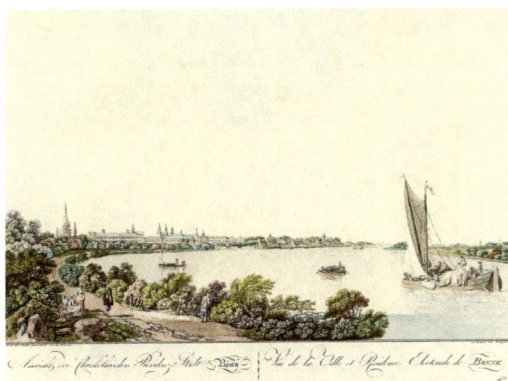

波恩城市景观，洛伦兹·扬沙（Lorenz Janscha，1749—1812）所绘水彩画

科隆选帝侯马克西米利安在选举日，欢快地回应法兰克福市民的热情

位于波恩的贝多芬出生之地

饥饿的人们如同身陷绝境。

但事实却并非如此。马克西米利安·弗里德里希凭借其人格魅力平衡了矛盾，极富才干的官员们也让波恩财政迅速复苏。

对于贝多芬一家来说，这位选帝侯并非仅是君主，更是他们重要的直接"雇主"。与贝多芬同名的作曲家祖父就曾任宫廷乐长。他的儿子约翰（Johann van Beethoven），即贝多芬的父亲，曾在选帝侯合唱团中完成了他从男童高音到男高音的整个"职业生涯"。

当慈爱的祖父去世时，我们的作曲家只有 3 岁，整个家庭因"乐队长"的离世一落千丈——后来，约翰·范·贝多芬开始依赖酒精，但这个家庭同时有了一个新目标：因显露出惊人天赋，小贝多芬必须接受音乐教育。在那些年间，音乐界的理想目标是莫扎特：那是一个关于神童的故事，他的父亲利奥波德·莫扎特（Leopold Mozart）带着他，或更确切地说带着两位神童[1]环游半个欧洲，享受殊荣。这启发了波恩的这位唱诗班歌者：虽自身已经前途无望，但他的儿子或许能有所作为。

贝多芬开始作曲的时间已不可考，关于他第一次公开演出的记录，是于他 8 岁之时，当时的报纸广告这样写道：

今天是 1778 年的 3 月 26 日。在斯泰恩巷（Sternengasse）的学院音乐厅，选帝侯宫廷男高音贝多芬先生荣幸地为您介绍两位他的学生：女高音艾薇多克（Averdonc）女士及贝多芬先生 6 岁的儿子。我们会先为您献上多首咏叹调唱段，随后是钢琴协奏曲和三重奏表演。能为尊贵的诸位表演令贝多芬先生深感荣幸，这两位已经在宫廷中表演过的乐者，将为您奉上精彩演出。

音乐会定于下午 5 点开始，非会员的先生和女士们需多支付 1 古尔登。

您可以在学院音乐厅或克拉伦先生（Herr Claren）处购买演出票。

当时的动机已不得而知，但可以确定的是，在五年后诞生的

1　指莫扎特与他的姐姐玛丽亚·安娜·莫扎特（Maria Anna Mozart，1751—1829）。

AVERTISSEMENT.

Heut dato den 26ten Martii 1778. wird auf dem musikalischen Akademiesaal in der Sternengaß der Churköllnische Hoftenorist BEETHOVEN die Ehre haben zwey seiner Scholaren zu produciren ; nämlich: Madlle. Averdonc Hofaltistin, und sein Söhngen von 6. Jahren. Erstere wird mit verschiedenen schönen Arien, lezterer mit verschiedenen Clavier-Concerten und Trios die Ehre haben aufzuwarten, wo er allen hohen Herrschaften ein völliges Vergnügen zu leisten sich schmeichlet, um je mehr da beyde zum größten Vergnügen des ganzen Hofes sich hören zu lassen die Gnade gehabt haben.

Der Anfang ist Abends um 5. Uhr.

Die nicht abbonnirte Herren und Damen zahlen einen Gulden.

Die Billets sind auf ersagtem musikalischen Akademiesaal, auch bey Hrn. Claren auf der Bach im Mühlenstein zu haben.

少年天才的第一场音乐会

三部奏鸣曲封面上，贝多芬的年龄依旧少写了两岁，正如上面那份音乐会宣传单一样。直至生命终结，贝多芬都认为自己出生于1772年。

这些新创作的奏鸣曲完全是为了献给统治者，我们称它们为《为选帝侯而作的奏鸣曲》（Kurfürstensonaten）。其中引人入胜的序曲已显露出他日后的作品风格。

《为选帝侯而作的奏鸣曲》

降 E 大调奏鸣曲、f 小调奏鸣曲、D 大调奏鸣曲
于 1783 年出版
献给马克西米利安·弗里德里希大主教

当贝多芬的钢琴奏鸣曲初次问世时，他只有 13 岁。

为保持儿子的"神童"形象，贝多芬的父亲与出版商将他的年龄写小了两岁。这在乐谱封面上一目了然："路德维希·范·贝多芬作曲，11 岁。"

这三首奏鸣曲是为了献给他的君主：科隆的马克西米利安·弗里德里希大主教。三部作品于 1783 年问世，如果用心观察会发现，这些作品中的一些细节，在这位大师日后的作品中会再次出现。贝多芬 f 小调奏鸣曲（WoO 47[1] No. 2）因其洗练的小广板（Larghetto）引子部分，常让人们将它与《悲怆》奏鸣

1　贝多芬部分早期变奏曲作品有编号无作品号，"WoO"德语意为"无编号作品"（Werke ohne Opuszahlen）。

15

《为选帝侯而作的奏鸣曲》乐谱封面

曲（Pathétique）一起讨论。这些创作于早年的作品让贝多芬终身
受益。后世也十分重视他少年时期的作品。虽然在维也纳完成
第一钢琴三重奏（Op. 1）后，贝多芬才开始使用作品编号，但在
他日后的许多作品中，依旧可以看到源自波恩少年时期作品的
灵感。具有传奇性的是，《费德里奥》（Fidelio）终曲那救赎主题
（Erlösungsthema）般脍炙人口的旋律，早在 1790 年为约瑟夫二世辞
世所作的康塔塔中已惊鸿一现。

即使是使用作品号最早的两套作品，依旧有贝多芬对其波恩
时代作品的借鉴。在以 Op. 2 为编号的贝多芬第一至第三钢琴奏
鸣曲中，其主题材料（Themenmaterial）取自 1785 年的钢琴四重奏

16

后世想象中的贝多芬首演，传为埃里克·尼古图维斯基（Erich Nikutowski，1872—1921）所绘

（WoO 36）中的一个乐段。无论是 f 小调第一钢琴奏鸣曲中的"柔板"（Adagio），还是 C 大调第三钢琴奏鸣曲中"有活力的快板"（Allegro con brio），其中都包含了许久之前已创作出的音乐素材，作曲家从往日记忆中披沙拣金，将其挑选出来并再次加工。

少年天才

如果我们以今日的视角，将贝多芬此后创作的 32 首奏鸣曲都与他波恩时期的早期作品进行勾连，未免会显得过于牵强。那些选帝侯都城中的音乐行家也很快意识到，波恩的氛围也许并不适合这位具有非凡才华的天才少年。贝多芬父亲的家庭音乐教育很快被克里斯蒂安·尼弗（Christian Gottlob Neefe，1748—1798）的专业课程所取代，同时这位前任乐长的孙子在宫廷中取得了一个与管风琴有关的职位。

作为波恩乐团里的年轻乐者，任中提琴手的贝多芬常要与当时流行的音乐戏剧打交道，虽然许多作品在大众视野中的音乐生命仅如昙花一现。人们演奏包括当时流行的谐歌剧（Opera buffa）、喜歌剧（Opéra Comique）[1] 和德国的歌唱剧（Singspiel）[2]——这使贝多芬有机会接触到许多重要作品，如莫扎特的《后宫诱逃》（Die

---

1   18 世纪，作为启蒙运动在音乐领域的直接成果，音乐开始迅速生活化、世俗化。作为对正歌剧（Opera seria）的革命，喜歌剧流行于法国、意大利、德国等国，在每个国家都各具特色。
2   其形成源于德国早期的牧歌及牧歌式歌唱剧，18 世纪上半叶受到法国喜歌剧与英国民谣歌剧的影响，后又加入意大利歌剧元素，最终形成一种德国特有的具有明显喜剧因素的歌剧门类。

波恩时期，贝多芬在宫廷乐队中所使用的中提琴

Entführung aus dem Serail ）。

除去供职于选帝侯乐庭中的日常工作，身在故乡的贝多芬依旧拥有自己的私人音乐生活。在波恩，他学习到关于家庭音乐会的礼仪，这对他日后在维也纳初获成功大有益处。

尼弗先生的课程为贝多芬打下了坚实的作曲、文化史基础，学习内容包括曼海姆乐派（Mannheimer Schule）的艺术、卡尔·菲利普·埃马努埃尔·巴赫（Carl Philipp Emanuel Bach）的钢琴作品，还有其父约翰·塞巴斯蒂安·巴赫（Johann Sebastian Bach）的对位法——这意味着，从理论到实践，年轻的贝多芬不仅学习到当时最主流的风格流派，同时也涉猎了名垂乐史的经典内容。

在当时，被人们称作约翰·塞巴斯蒂安的"老"巴赫，很久以来已仅见于书牍，他的音乐也只受专业人士关注。那时引领音乐市场的是"老"巴赫的儿子们：卡尔·菲利普·埃马努埃尔·巴赫和约翰·克里斯蒂安·巴赫（Johann Christian Bach），他们同是维也纳乐派（Wiener Klassik）的重要成员，这一流派更是由贝多芬在日后推向顶峰。

尼弗先生不仅让 19 岁的贝多芬进入大学深造，同时也教授当时的文学、哲学内容——让这位拥有自由灵魂的年轻人羽翼丰满、振翅长空，让他在日后能化身为另一位充满激情的年轻席勒，成为法国大革命所倡导理想的拥护者。"自由、平等、博爱"，大革命所倡导的基本原则，并非只在贝多芬第九交响曲的最后乐章中才宣之于世。

同样在这些年间，贝多芬始终保持着独立判断的美德：他从不相信捕风捉影的无稽之谈，也绝不偏听轻信、妄下评断。

贝多芬与他的老师尼弗一起完成了卡尔·冯·迪特斯多夫（August Carl Ditters von Dittersdorf）歌唱剧《红头巾》[1]（Das rote Käppchen）的波恩首演。1788 年这部作品创作于维也纳，一经面世便大获成功。四年之后，当贝多芬打点行囊准备启程前往帝国首都时，这部剧在波恩被搬上舞台。剧中的歌曲旋律很快成为人们口中的流行小调，传唱于街头巷尾，并被改编成室内乐进行演奏。这大概类似于日后通过广播或唱片传播，只是身处 18 世纪晚期的人们必须自己演奏乐曲。当时，大多数人家中都拥有乐器，许多人都有钢琴，人们会用它演奏最新的"热门"乐曲：那是指用时下最流行的音乐主题谱写的变奏曲。这两位作曲家——作为教师的尼弗与学生贝多芬，共同创作了《红头巾》的变奏曲。在得到迪特斯多夫的肯定后，贝多芬开始了一系列变奏曲的创作；这部作品同时也如同一座桥梁，展现出其与维也纳音乐传统更多的关联。

1　或译作《红色小帽》或《小红帽》。

值得一提的还有两位作曲家选取的乐曲：尼弗创作了以"美味的早餐"为主题的变奏曲，而当时正值 21 岁的贝多芬则选择创作了以抒情小调"从前有个老人"为主题的变奏曲（见于以 WoO 66 编号的变奏曲）。

这一系列的变奏曲不仅非常受欢迎，同时也有助于提升名望，作为青年作曲家、钢琴家的贝多芬对此了然于胸。他手持淬炼而成的艺术武器，踏上前往维也纳的征程，囊中之"物"奇货可居。作为对贝多芬一生极为了解的忠实学生，卡尔·车尔尼（Carl Czerny）这样评价老师早年所作的《黎基尼变奏曲》[1]："这部创作于贝多芬青年时代（1792 年）并被带去维也纳的变奏曲，不仅是贝多芬作为一位出色演奏者的证明，也展示了他所具备的独特才华：他不仅能将主题进行全新诠释，还能以此为基础创作出旋律和绚烂的乐段。今日的钢琴演奏者们必须通过大量练习才能达到这种水平。"

除了密友和知己，有些贵族也成为贝多芬一生重要的支持者。宫廷参议官遗孀冯·勃罗宁夫人（Helene von Breuning）的住处，成为母亲故去后贝多芬的第二个家。贝多芬不仅给勃罗宁家的孩子教授音乐，同时也与冯·勃罗宁夫人的女儿埃莱奥诺雷（Eleonore von Breuning）结下了真挚的友谊，后来，埃莱奥诺雷嫁与贝多芬青年时期的好友弗朗茨·吉尔哈德·韦格勒（Franz Gerhard Wegeler）为妻。

这或许依旧要感激尼弗先生的帮助，1787 年伊始，贝多芬

1　即以黎基尼的短咏叹调"来吧，爱情"为主题的二十四首变奏曲（WoO 65）。

征得选帝侯的许可，这位年轻的天才音乐家终于可以前往维也纳，在莫扎特身边进一步增进他的才能。

对于贝多芬的父亲约翰来说，莫扎特始终有强大的魔力：贝多芬必须到这位大师身边去完善技能。念念不忘，必有回响。1787年的4月1日，贝多芬迎来了他的首次维也纳之行，据记载，贝多芬在慕尼黑稍作停留后再次启程，六日后，终于抵达了自己的目的地。那次旅行的赞助者现在已不得而知——或许是大主教向兄弟约瑟夫二世引荐了贝多芬。虽然有些记载中曾提及这次会面，但它却远没有贝多芬与莫扎特的相见那么真实可靠。毫无疑问的是，1787年的春天，贝多芬在维也纳度过了极为短暂的一段时光。

或许，他曾在莫扎特面前演奏过。贝多芬得到一个音乐主题，并以此为基础完成即兴表演。听完后莫扎特大概会有这样的感慨："注意这个年轻人吧，有朝一日他将引起世界的关注。"

但这一切只是我们的合理假设。因为那时莫扎特正致力于《唐璜》[1]的创作，同时，另一位青年天才深得他的赏识：约翰·尼波默克·胡梅尔（Johann Nepomuk Hummel）[2]正客居莫扎特家中，并因钢琴技艺而名噪一时。

贝多芬的抱怨可能就是佐证：莫扎特"从未为他演奏过"。这也许意味着——同时也提醒我们必须保持谨慎——莫扎特从未坐在钢琴前，如教授课程般为贝多芬弹奏过。但也许在某个公开场合，贝多芬曾听过莫扎特的演奏。卡尔·车尔尼曾记录下了贝

1　或译作《唐·乔望尼》《乔万尼先生》和《浪子终受罚》，作品号为 KV 527。
2　1778—1837，奥地利作曲家、钢琴家。

19 世纪晚期，关于贝多芬的民间故事已流传甚广。在保罗·莱恩德克尔（Paul Leyendecker，1842—1891）笔下，身处波恩近郊的青年贝多芬正在作曲，背景是一列送葬队伍

多芬对莫扎特演奏的形容：如"劈砍剁切"一般，没有我们演奏中重视的连音奏法（legato）[1]。那时贝多芬正因他连贯而流畅的演奏广受赞誉，在乐稿上也最热衷和注重乐句的划分及连音的标注（贝多芬常会将"legato"写作"ligato"）。

贝多芬与莫扎特的关系究竟是怎样发展的？显然，历史中并没有"假如"。贝多芬在维也纳仅有两周的停留，因一则来自波恩的消息被迫中断：他的母亲病重。实际上，玛丽娅·玛格达莱娜·范·贝多芬（Maria Magdalena van Beethoven）那时已生命垂危，

1　意为演奏（或演唱）通顺、连贯，亦可译作"圆滑奏法"或"圆滑唱法"。

预言般的文字：华尔斯坦伯爵传奇的留言簿内容

在儿子返家后不久就撒手人寰。关于这不幸之事，我们还得感激奥格斯堡的冯·沙登先生（Herr von Schaden），他收到了作曲家的信，并及时资助了贝多芬的回程路费。后来贝多芬回忆："我还能再见到母亲，但她那时的身体状况已极为糟糕；她身患结核病，并最终在大约七周前、在经历了许多难以忍受的病痛折磨后离开了我们。她是如此慈爱的一位母亲，是我的挚友。"

在妻子离世的同一年，约翰·范·贝多芬又失去了一个小女儿，他从依赖酒精变成酗酒。1789 年 11 月 20 日，约翰结束了在选帝侯宫廷的工作。

这个家庭从此深陷贫困，约翰关于公共救助的申请也无果而终。一位音乐同行弗朗茨·里斯（Franz Ries）伸出了援助之手，他的儿子费迪南德·里斯（Ferdinand Ries）是贝多芬维也纳时期的学生和好友，也是一位重要的见证者。

母亲去世后，贝多芬的人生陷入了充满忧郁、病魔缠身的时期，通往美好未来的路也似乎愈加渺茫。

1790 年，波恩迎来了一位重要访客：约瑟夫·海顿，那个时代毫无疑问最具声名的音乐家途经此地，同约翰·彼得·萨洛蒙（Johann Peter Salomon）一起踏上他的首次伦敦之行。选帝侯马克西米利安·弗朗茨（Maximilian Franz）为这位大师准备了充满惊喜的晚宴，并让"最杰出的音乐家"出席作为迎接之礼。那时的贝多芬是否属于"最杰出的音乐家"之列呢？我们当然这样期盼，但事实却并非如此。

当海顿从伦敦返程再次途经波恩时，贝多芬呈上了他的帝王康塔塔。虽然很难设想在这样的情况下有一场作曲课程，但此后的许多年中，海顿将在这位年轻同行生命中扮演重要角色。

但贝多芬从波恩迁居维也纳已势在必行，最理想的情况是，可以在这座帝国之都留下来并进行深造。

贝多芬在波恩的工作也很受重视。从 1789 年起，他作为"室内乐乐师"在宫廷效力，1791 年，由他作曲的《骑士芭蕾》（Ritterballett）迎来首演。但那次演出的乐单上却并没有贝多芬的名字，使得许多观众都以为这部作品的音乐是由芭蕾演出的举办者，即费迪南德·冯·华尔斯坦伯爵（Graf Ferdinand von Waldstein）亲自创作的。

这位从维也纳来到波恩的华尔斯坦先生，是贝多芬重要的资助人，并推动了贝多芬的维也纳之行。很可能选帝侯也支持了那次学习之旅。正是以此为前提，身为宫廷乐师的贝多芬才被允许离开一段时间。同样显而易见的是，在伟大的海顿回程途经波恩时，贝多芬得到了他的指导。当时的人们无法预料，不久之后，波恩的选帝侯时代将告终结，那时已身在维也纳的贝多芬也无心多想，有朝一日重返故乡。当他 1792 年 11 月启程时并不会知道，在他行囊中的留言簿上，华尔斯坦伯爵之前写下的、在日后被广为引用的话语，字字句句如同预言：

亲爱的贝多芬，

现在您已启程前往维也纳，去完成心中长久以来的梦想。人们依旧在哀悼天才莫扎特的离世，他的学生还因他的逝去悲恸不已。对于莫扎特来说，博大的海顿是他的庇佑，而并非仅仅是老师；通过他，莫扎特会希望能再次同另一个人携手。经过不懈的勤奋努力，您将能通过海顿的手，接过莫扎特的灵魂。

> 1972 年 10 月 29 日 波恩
> 您忠实的朋友 华尔斯坦

In Wiener Adelskreisen

维也纳上流社会

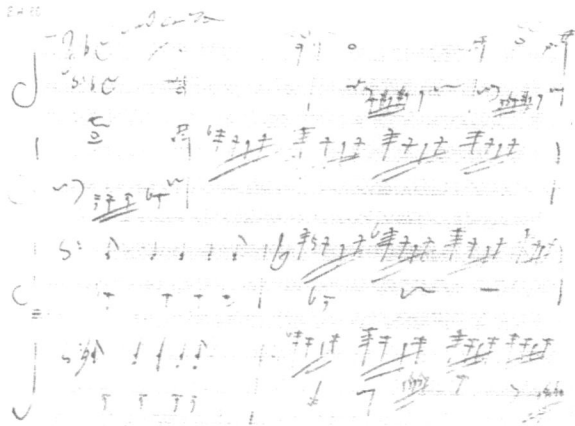

初来维也纳

贝多芬最初将自己定位为钢琴家而非作曲家，虽然这两者之间本无清晰界限。那个时代见多识广的大众，呼唤这位远道而来的艺术家呈现自己的表演——借由他的即兴曲从中获得些许自我陶醉。

据同时代相关证据可知，就钢琴演奏而言贝多芬是绝对的大师，没有什么可以与他那源于瞬间情感、顷刻一气呵成的即兴演奏相比拟。描述的文字包括"涛奔浪卷""狂风怒吼""自然之力下的湍急溪语""烈火般的强烈表达"——这些表演中迸发的汹涌激情，无一不昭示着他音乐的力量。虽然极少有乐评家谈及贝多芬演奏"抒情的潜力"或"如歌的音色"，但当人们将他与其竞争者相比较时，这突出的优势备受赞誉。当时的上流社会贵族心属莫扎特，他们自然会将这位来自波恩的青年人与之进行比较。更具吸引力的也许还有当时上流社会音乐家间的竞争，虽然他们的名字今日已鲜有耳闻；除非他们与贝多芬有可比性，或是他们的钢琴演奏亦能给人们留下深刻印象。这其中包括（也是为数不多、至今还为人所知的名字）穆齐奥·克莱门蒂（Muzio Clementi，生于 1752 年），与贝多芬几乎同龄的钢琴家约翰·巴普蒂斯特·克拉默（Johann Baptist Cramer，生于 1771 年）、约瑟夫·沃尔夫尔（Joseph Johann Baptist Wölfl，生于 1773 年）。瓦茨拉夫·扬·克什提特尔·托马谢克（Wenzel Johann Tomaschek）[1] 作为那个时代极为重要的作曲家，

1　捷克语原名 Václav Jan Křtitel Tomášek（1774—1850），波希米亚钢琴教育家、作曲家。

当他与贝多芬初次相遇时，对方的演奏深深触动了他的内心。在此后的数日里，托马谢克只能坐在钢琴前努力用弹奏排解心中烦扰——他想要立刻"达到"如贝多芬一般的演奏。在此后的许多年间，这两位艺术家保持了极为良好的关系。托马谢克也为我们留下了一些关于贝多芬演奏的珍贵记录，通过这些记录能让我们更加充分地了解到：贝多芬钢琴家形象后面那富有条理的头脑、作曲家的思维，还有与之相关的技艺。

他如此快速成名，成为一位伟大的钢琴家和作曲家，但他是如何演奏的？那绝非如今日的钢琴表演者一般，手指在琴键上起落弹出背诵的乐段——按键、按键、按键——这是什么？绝非如此！一位真正的钢琴艺术家表演时，一切都应当是关联的，是一个整体：人们可以将其称作一个流畅完整的作品，这才是钢琴演奏。除此之外的绝对都不是。

从这种角度来看也许就并不稀奇：当面对那些极其激动的听众时，贝多芬会乐于跟他们开玩笑，车尔尼的记录就是很好的见证。

当他想身处某一个圈子时，他会给每一个观众留下深刻印象，其中甚至有人会热泪盈眶。当他结束了一段这样的即兴曲演奏后，会用大笑打断那些因他的音乐深陷感动的听众，并揶揄道，"和您开个玩笑"，他语气轻快："谁能在一群如此任性的孩子们中生活呢！"

这一切关乎坚不可摧的自信，从最初时贝多芬就不曾缺乏这点。当对手们用当时最流行的方式向他直接发出挑战时，贝多芬可以自信地击败所有人。那可是直接挑战琴技！当时维也纳的行家们，第一次遇到这位来自波恩的年轻陌生人时，这种竞技常会上演。作为或许是当时维也纳最成功，也极具自信的钢琴家，约瑟夫·格林尼克（Joseph Gelinek）[1] 带着奥托·扬斯（Otto Jahns）前去赴约，"同初来此地的一位年轻钢琴家切磋技艺"。"我要加以借鉴"，作为补充，他后来写下次日自己的挫败感："天，那绝非人类，那是魔鬼；他的演奏会夺去我以及所有人的生命。他居然可以这样即兴表演！"若所述非虚，这会是关于贝多芬那无与伦比即兴演奏艺术的最早评论。

　　作为比贝多芬年长 5 岁并享誉欧洲的独奏家，1800 年，丹尼尔·施泰贝尔特（Daniel Gottlieb Steibelt）来到奥地利，在与贝多芬进行了一场激烈的琴技较量后，他被对方充满"想象"的艺术风暴折服。

　　贝多芬能超越施泰贝尔特，最初这种呼声饱受质疑，甚至连贝多芬的朋友都认为，那位早已成为维也纳偶像的艺术家能做贝多芬的老师。这两位钢琴家（也同是作曲家）共有两次交锋，第一次是在莫里茨·冯·弗里斯伯爵（Moritz von Fries）的沙龙上，首先登场的贝多芬弹奏了用流行小调作为主题创作的"三重奏"——他获得了热烈的掌声，据旁观者的观察，在施泰贝尔特走向钢琴，

1　捷克语原名 Josef Jelínek（1758—1825），是一位波希米亚作曲家、钢琴家。1818 年后在埃施特哈齐（Esterházy）亲王府任家庭神甫和钢琴教师，因此也被称为"神甫（Abbé）格林尼克"。

贝多芬与维也纳阿塔里亚（Artaria）出版社的合约，1795 年并志在必得地用他自创的、带有低音－震音（Bass-Tremolo）乐段的作品迎战前，他曾倨傲地给予了贝多芬很高的肯定。

但也许是贝多芬自愿放弃，他并没有再次回到伴奏位。看起来，施泰贝尔特成为了这场双人比赛的获胜者，并稳操胜券地为一周后的音乐会做准备，到时他会演奏一首以贝多芬三重奏作品为主题的新幻想曲。

但结果出乎意外，贝多芬再次上场，他随意接过一本施泰贝尔特作品的大提琴谱，并把它倒置（！）在谱架上，开始与此相关的即兴曲演奏。他激情喷薄，乐评家对接下来发生的事众口如一：当贝多芬还伴随着众人热烈的掌声演奏时，施泰贝尔特离开了大厅。从此，他们再未谋面——虽然此后施泰贝尔特多次受邀前往维也纳，但邀请者必须向他郑重保证：贝多芬不会出现在同一场合。

"第 1 号作品"

自三首钢琴三重奏（Op. 1）问世后，一系列贝多芬作品开始进入大众视野——他开始对自己的乐曲使用作品编号。在当时，用 3 首或 6 首曲子组成一部"作品"是一种常见类型，被用于钢琴奏鸣曲、弦乐四重奏，最早还会用于管弦乐作品如交响曲中，我们通过海顿的弦乐四重奏、莫扎特未使用作品号计数的大量作品便可知晓。通常情况下，这一步是由出版商完成的。但贝多芬会亲自决定哪部乐曲使用什么编号，同时他也会密切关注，谁在负责相关的出版发行。

题赠对于贝多芬十分重要，艺术家借此可以收获诸多益处，无论是物质上的还是精神上的。但时过境迁，如果说"为选帝侯而作的奏鸣曲"谦恭地得到了君主的接纳，那么那时作为自由艺术家的贝多芬，对第1号作品的"赠予"便会十分谨慎。他甚至没有将这部作品献给自己的老师约瑟夫·海顿，虽然很多次他想这么做——再后来，他也并没有在自己作品封面上印过"海顿学生"的题赠，虽然那时他心中依旧如此期望（关于这件事，我们在后文中还会提及）。

更确切地说，卡尔·冯·里希诺夫斯基（Karl von Lichnowsky，1761—1814）有幸成为首位得到贝多芬主动题赠作品的人。作为沃尔夫冈·阿马多伊斯·莫扎特（Wolfgang Amadeus Mozart）的同龄朋友（及惺惺相惜的兄弟），亲王从最开始就对这位维也纳初来乍到的波恩青年给予了很大关照。从1793年至1795年，贝多芬都栖身于亲王的府邸，并经由里希诺夫斯基亲王安排，以作曲家身份备受礼遇。

这段关系可能是由华尔斯坦伯爵促成的，伯爵姑姑图恩伯爵夫人（Gräfin Thun）的女儿，就是里希诺夫斯基伯爵的夫人。

亲王的资助涵盖物质方面。从1800年开始，他每年提供给这位大师600古尔登的资助，并不要求任何回报！后来，资助终止于一次激烈的争吵——关于此事我们之后再说。

在当时，钢琴三重奏的诞生让里希诺夫斯基家中充满了纯粹的欢乐，新作品将会在位于霍夫堡（Hofburg，驼鹿巷1号[Schauflergass 1]）附近的亲王家中、每周五定期举行的音乐会上演奏并迎接掌声。贝多芬还为里希诺夫斯基亲王提供音乐课程。在

绘于卡尔·冯·里希诺夫斯基亲王
同时代的个人肖像

此之前，亲王曾在莫扎特那里短暂学习，是一位看上去技艺尚可
的钢琴演奏者。

车尔尼曾记录下有关亲王兄弟的艺术热情："作为莫扎特和
贝多芬的学生，亲王与他的兄弟莫里兹伯爵（Graf Moritz）都能进
行不错的钢琴演奏，里希诺夫斯基亲王绝对是一位真正的行家，
拥有很高的音乐天分。他的判断深刻而准确。"

里希诺夫斯基家的"宿客"

两年时间里，贝多芬都客居于满足了"赞助人"一词全部含
义的里希诺夫斯基亲王家中，在用第 1 号作品为编号的钢琴三重

奏后，他还将《悲怆》奏鸣曲 [1]、包含《葬礼进行曲》（Trauermarsch）乐章的奏鸣曲 [2]（Op. 26）、贝多芬 D 大调第二交响曲（Op. 36）题献给了这位亲王。1795 年 5 月，当三重奏作品交印时，贝多芬搬去了自己的住所（位于今日的吕维尔大街 [Löwelstraße]）。我们是通过三则载于《维也纳日报》（Wiener Zeitung）上关于新作品的宣传公告得知的。文中透露出许多关于那时音乐生活中的营销方法及排印资金状况的信息。

关于路德维希·范·贝多芬作品的预售：由三首曲子组成，为钢琴 [3]、小提琴、低音提琴（Baß）所作三重奏作品。用时约 6 周，每本售价 1 个达克特（Dukat）。维也纳预售请前往圣方济会教堂 35 号后、十字巷内奥格吕施公寓（Ogylvisches Haus）的 2 层。

年轻的作曲家寄身于这栋"奥格吕施公寓"内，几周前他刚因个人音乐会演出而轰动一时。贝多芬必须亲自为他的第 1 号作品寻找销路。或许两年前曾出版过一个乐章（无作品编号）的阿塔里亚出版社并没有让贝多芬感到满意：虽然事后看来，那首为钢琴、小提琴而作的，以莫扎特歌剧《费加罗的婚

1　即贝多芬 c 小调第八钢琴奏鸣曲（Op. 13）。
2　即贝多芬降 A 大调第十二钢琴奏鸣曲。
3　此处指现在所称的"古钢琴"（意大利语为 fortepiano，德语为 Hammerklavier），海顿、莫扎特和青年时代的贝多芬都使用这种乐器进行创作。在维也纳最初的十年，贝多芬使用的是安东·瓦尔特（Anton Walter, 1752—1862）所制造的钢琴（瓦尔特是贝多芬的朋友，据记载，1781 年贝多芬拥有了一架瓦尔特钢琴）。

礼》咏叹调"你想要跳舞,我的小伯爵"("Se vuol ballare")为主题的变奏曲可以被认为是出版史上的大事,但显而易见在当时却并非如此。变奏曲集虽然很热门,但谁又因此记住了路德维希·范·贝多芬?

为了第1号作品,作曲家公开向这部作品的受赠者、里希诺夫斯基亲王申请必要的经济借款,用以完成首版的售卖,他将自己负责作品销售。在第一个月,出版商有义务保证作曲家享有独家销售权。

对于被庇护者来说,里希诺夫斯基是一位极佳的推销者,为此他在自己的宫殿中举行了一场盛大的演出,贝多芬负责钢琴表演,而伊格纳茨·舒潘齐格(Ignaz Schuppanzigh)[1]负责小提琴部分的演奏——以这种无与伦比的形式开启了一段艺术合作。

伯爵动用了他远近很多关系,后来刊登在《维也纳日报》上的贝多芬1号作品预购者的名单:看起来如同一本哈布斯堡王朝贵族全书。我们可以看到的名字有:布劳尼(Browne)、不伦瑞克(Brunswick)、埃施特哈齐、弗里斯(Fries)、哈茨费尔德(Hatzfeld)、科勒维奇(Keglevics)、金斯基(Kinsky)、利希滕施泰因(Liechtenstein)、洛布科维茨(Lobkowitz)、奥德斯卡契(Odescalchi)、范·斯维顿(van Swieten)、图恩(Thun)。他们中的大多数或多或少曾在贝多芬人生中扮演角色。这部共三首的三重奏组曲,有123位预购者,后来共售出241份,贝多芬与阿塔里亚出版社对此都深感满意。

1　1776—1830,奥地利小提琴家、指挥家。

如果认为，借助公共关系快速飞黄腾达是 20 世纪晚期才有的事，那就大错特错了：1795 年 11 月，在第 1 号作品出版大获成功仅仅几周后，人们就在《维也纳日报》上读到："路德维希·范·贝多芬先生，这位大师饱含对艺术群体的爱，为高雅的上流艺术界创作了适于小型舞会的小步舞曲和德国舞曲。"此时，这位作曲家已被称为"大师"。通过报纸上有关舞会的内容，贝多芬紧随那位德高望重、影响他未来命运之人的脚步：1792 年，海顿就曾为那些"高雅的艺术界人士"创作了 12 首小步舞曲和德国舞曲，这样做的还有在同年创作相似舞曲的列奥波德·科策卢（Leopold Kozeluch）[1]、在 1794 年创作（用于大型舞厅演奏舞曲）的卡尔·冯·迪特斯多夫和同年为小型舞会作曲的约瑟夫 冯·艾布勒（Joseph von Eybler）。

　　从 1795 年到 1797 年，关于贝多芬的描述通常依旧是：独一无二的、创作了"最受欢迎的小步舞曲及德国舞曲的路德维希·范·贝多芬先生"，之前海顿也未曾受此赞誉。"最受欢迎"可以是由女舞者们决定的，当阿塔里亚出版社 1795 年为她们带来钢琴改编曲后，他的这类曲子就变成了"畅销"的代名词。同海顿、莫扎特一样，即使在名声鼎盛时，贝多芬也从未因这些"舞会创作"而感到难堪，如创作于 1819 年的《莫德林格舞曲》（Mödlinger Tänze, WoO 17），那时除了最后三部作品外，贝多芬的其他八部交响曲、全部的协奏曲及所有的钢琴奏鸣曲都已问世。

1　也作 Leopold Koželuh 或 Leopold Kotzeluch。

"命运中的小提琴家"

　　并非仅仅因为那次在里希诺夫斯基家中为钢琴三重奏组曲所举行的"首演"，才促成了一段冥冥中的音乐之交。在维也纳，贝多芬与比他年轻6岁、在那个时代毫无争议的最伟大的小提琴家伊格纳茨·舒潘齐格相遇。当时的音乐界曾有共识：作为音乐家，舒潘齐格在贝多芬作品的众多首演中（在钢琴边上）都承担起了最艰巨的任务：无论是所有的弦乐四重奏，还是如第九交响曲那样的作品，舒潘齐格都会在最前面的位置上。他是梦寐以求的四重奏第一小提琴和乐团首席，能够处理作曲家繁复到无以复加的乐段——直至今日，后来者仍旧为这些难题殚精竭虑。

　　维也纳的弦乐四重奏文化，实际也始于舒潘齐格的乐团。最初，他作为里希诺夫斯基亲王的宫廷乐师会定期举行四重奏演奏。1808年，他在拉苏莫夫斯伯爵（Graf Rasumowsky）身边也承担相似职能。

　　在圣彼得堡生活多年后，1823年舒潘齐格返回维也纳。据可靠记载，同年他参与了贝多芬第九交响曲首演的准备工作，并受作曲家委托担任乐团首席。那时的贝多芬已完全丧失听力，但他仍尝试亲自执棒。（歌唱家伊格纳茨·乌姆劳夫 [Ignaz Umlauf] 的儿子米夏埃尔·乌姆劳夫 [Michael Umlauf] 实际是那次演出真正的"指挥"，1824年5月7日，在那个极具纪念性的夜晚，是他让管弦乐团、合唱团和独唱家们"凝聚成一体"。）

　　此后，舒潘齐格还领衔完成了除升c小调第十四弦乐四重奏

小提琴家伊格纳茨·舒潘齐格，深受贝多芬信任的演奏家。他不仅演奏过用第 1 号作品为编号的钢琴三重奏，还演奏过最后那部极具难度的弦乐四重奏

（Op. 131）外贝多芬后期所有的弦乐四重奏排练，是这位大师人生最后岁月中最重要的艺术挚友。往来信件中，贝多芬有时会玩笑地称他为"我的法斯塔夫大人"[1]，因为对美食的共同爱好，贝多芬还为他创作了卡农曲《法斯塔夫，欢迎回来》（Falstafferl, laß dich sehen [WoO 184]）[2]。

1　这里指约翰·法斯塔夫爵士（Sir John Falstaff），为威廉·莎士比亚历史剧《亨利四世》（*Heinrich IV*）中一个外形臃肿的人物，朱塞佩·威尔第（Giuseppe Verdi）也曾创作过同名歌剧。

2　此曲同时是为欢迎舒潘齐格 1823 年从圣彼得堡回到维也纳而作。

"大提琴君王"

里希诺夫斯基亲王曾带莫扎特前往波茨坦[1]，如今，他与自己年轻的受资助者贝多芬一同向西北而行。此次旅行的目的地是布拉格，从那里贝多芬将继续前往波茨坦。同莫扎特当初的目标一样，贝多芬期望能让热爱音乐的普鲁士国王弗里德里希·威廉二世（Friedrich Wilhelm II）垂青他的才华。这位君王痴迷于大提琴演奏，两人都热爱这种低音弦乐器，虽然直至那时，这种乐器在音乐史中仅为配角。此前，莫扎特曾为这位君主创作《普鲁士四重奏》（Preußische Quartette），在这部他人生最后的弦乐四重奏中，大提琴部分精彩绝伦（今日的大提琴演奏者们应当深感欣慰，从那一刻起，大提琴在弦乐四重奏作品中将得到之前从未有过的重视）。贝多芬创作了两部为钢琴和大提琴而作的奏鸣曲，它们由同为大提琴家的杜伯特兄弟[2]中的一人，作为室内乐在普鲁士宫廷完成首演。我们不得而知，如果当时没有这位杜伯特先生，国王会不会亲自同贝多芬一起演奏？如果是那样的话，后世也许会有这样的野史逸闻，说弗里德里希·威廉或许是贝多芬的父亲。

事实的真相是：国王的青睐十分短暂。虽然贝多芬与路易·斐迪南亲王（Louis Ferdinand）有过短暂交集，但他并没有收到

---

1 1789 年，莫扎特随里希诺夫斯基亲王前往柏林，他们于 4 月 8 日清晨从维也纳启程，并于 4 月 25 日到达波茨坦。在那里，莫扎特受到了弗里德里希·威廉二世的接见。

2 这里指让 - 路易·杜伯特（Jean-Louis Duport）与哥哥让 - 皮耶·杜伯特（Jean-Pierre Duport）。

任何让他长留的邀请，不久之后，作曲家启程返回维也纳。也许在他心中一直期望着：波茨坦并不是最坏的处境。

同样是在布拉格，在这个曾给予莫扎特极大认同的城市，人们对这位"后继者"的态度却比之前冷淡。人们钦佩这位钢琴大师，让他收获了诸多称赞，但这并非热爱！当时，关于将他与莫扎特进行比较的评论，已经在乐评家口中呼之欲出。《爱国日报》（*Patriotische Journal*）就曾登载这样的内容：

当一部分大众已经将路德维希·范·贝多芬视为偶像之时，布拉格因他激情澎湃的钢琴演奏沸腾了。不带有任何先入为主的偏爱或成见，众多行家与音乐爱好者看到了这位大师的优点，同样也有些明显的问题：人们赞叹于他非凡的演奏技巧，那复杂的指法和娴熟的跳音。但表演中通篇歌曲化、缺乏层次感的处理，缺少细节与思考，他仅仅在追逐独特性，却并未达成这一目标。无论是演奏还是作曲，一切都过于繁缛复杂，这完全无法被称赞或认同。他仅仅抓住了我们的耳朵，却没有抓住我们的内心，对于我们来说，他并非另一个莫扎特。

两首奏鸣曲（Op. 2）

f 小调第一钢琴奏鸣曲（Op. 2 No. 1）

快板 - 柔板 - 小步舞曲 - 最急板
Allegro-Adagio-Menuetto-Prestissimo
献给约瑟夫·海顿

第一钢琴奏鸣曲的出版不仅对贝多芬个人来说极具价值，也是我人生中学习的第一部作品。11岁那年，当我作为布鲁诺·赛德霍夫的学生被维也纳音乐学院（即今日的维也纳音乐大学）录取时，我们首先学习的就是这部作品。它伴随了我整个钢琴人生。

　　对于一个年少的音乐专业学生来说，贝多芬无疑是位伟人，若以这位音乐家的作品作为自己事业的开端，无疑是一个远大的构想。这部以第2号作品为编号的奏鸣曲并非一次试探性的尝试，贝多芬带来的是一部恢弘、精致的钢琴奏鸣曲。相较于当时大多数古典风格的奏鸣曲，这部由四个乐章构成的作品更类似于交响曲的结构形式——我们在交响曲中可以看到使用小步舞曲，对贝多芬来说是把谐谑曲乐章（Scherzo）用作作品的第三部分。这位技艺精湛的作曲家，用全部音区为演奏音域完成了激昂的钢琴表演，在那个时代他以此扬名，而并非像某些记载所说的那般饱受质疑。

　　如果人们尝试用著名的"三段式"（drei Perioden）来划分这部作品，将会大失所望。相比别的大师，贝多芬更少使用这种曲式结构。在贝多芬f小调第一钢琴奏鸣曲，尤其是第三乐章中，已经可以清晰地看到这一点，这也是后来奏鸣曲的重要特征。但显而易见，这并非是其后作品被称为"大奏鸣曲"（großen Sonaten）的原因。对于贝多芬来说，那部被称为《热情》（Appassionata）的作品是他"最大型"的奏鸣曲，同时也是位列前三的"大奏鸣曲"，在早期奏鸣曲出版物中通常写作"Grande Sonate"，即使这些作品只有三个乐章。偶尔人们会读到，是出版社使用这个概念以区分四乐章乐曲与只包含二三乐章的作品。但对贝多芬来讲却并非如此，就如我们之后会看到的一样。

通过第 2 号作品，作曲家竭尽所能地探寻了作为钢琴家的可能性，在那些年间无人能及。这不仅关乎技巧，更是指表现力。仅仅是速度标记（Tempovorschrift），即贝多芬从初期开始常作为表情记号（Ausdrucksvorschrift）使用的特征符号，就能给我们传达出许多他的要求：关于身为作曲家的自己、关于表演，最终，也是关于听众。

贝多芬在他的奏鸣曲作品中仅有三次标注了"最急板"（Prestissimo）：E 大调第三十钢琴奏鸣曲（Op. 109）、c 小调第五钢琴奏鸣曲（Op. 10 No. 1）和 f 小调第一钢琴奏鸣曲的最后乐章（现在常被误称为"告别"奏鸣曲的降 E 大调第二十六钢琴奏鸣曲［Op. 81a］）中，作曲家使用了类似于极速的"极活泼的"标记——这种速度标记在浪漫主义时期被彻底地减慢了，慢速的乐段常会变得更慢。之所以我们能知道这点，是因为车尔尼在他的文字中常会提醒：演奏"柔板"时速度不要过慢。当贝多芬标记"柔板"时，车尔尼会注明"不要拖沓"。虽然我们通过作曲家本人的标注已经知道要快速演奏，但只有在约翰·尼波穆克·梅采尔（Johann Nepomuk Mälzel）发明了节拍器之后，我们才对作曲家脑中的速度要求有了概念，不过这些标注通常情况下很难实现。

在这首 f 小调第一钢琴奏鸣曲的最后乐章中，我们需要演奏"快板"和二二拍子（alla breve）——可以理解为：把每个二分音符看作是四四拍子中的两拍。如果今天有人觉得某位钢琴家的演奏速度过快了，那完全多虑了：因为我们根本做不到如贝多芬要求的那般快速弹奏！

除此之外，这要求在极高的演奏技巧基础上，更加精益求极为珍贵的史料：贝多芬用自己的指法标注的指法练习——用作给许多维也纳上流社会千金及未来的职业音乐家的教学备忘。他的学生车尔尼为我们留下了关于老师风格及演奏技巧的详细记录，呈现了老师高超的教学方法。这一页上他的手记文字是："用最简练的指法演奏流传世界的伟大乐段。"

精，在 f 小调第一钢琴奏鸣曲第三乐章的三重奏部分中，我们可以看到诸如用右手弹奏高难度平行四度（Quartenparalle）之类的演奏技法，这让人回想起一种中世纪的作曲技巧，即所谓的福布尔东风格（Fauxbourdon-Stil）。关于这些复杂的段落我们有贝多芬流传下的指法记录。但如果想依此演奏，将会面临极大的困难，有些甚至根本难以实现。当然主要是因为贝多芬时代的钢琴与我们今日的三角钢琴存在差异：那个时代的钢琴琴键距离比现在近，触键也更轻。除上述客观因素之外，从钢琴学校流传出的"秘密"可知：这个乐段中每个指法都非常困难。但即便如此，只要贝多芬标注了他的技法，就会被音乐行家们记在心中。

A 大调第二钢琴奏鸣曲（Op. 2 No.2）

活泼的快板 - 热情的广板 - 小快板的谐谑曲 - 优雅的回旋曲
Allegro vivace-Largo appassionato-Scherzo. Allegretto-Rondo.
Grazioso

不仅是演奏技术被提高到对于那个时代来说全新的高度，在第一钢琴奏鸣曲中，还可以看到极为明显的强弱力度对比，常会在"很弱"（Pianissimo）与"很强"（Fortissimo）之间骤然转变。贝多芬也许预见到，许多人会无法相信他这样的诠释方法，为了强调，他在该处重复标注："很弱"及"很强"，"很弱"及"很强"（pp und ff, pp und ff）。在他的词汇中，"持续的"（sempre）同样不可或缺。作为实践者，他常会在乐谱上标注：轻柔地演奏，尤其当他认为，钢琴家深陷于乐段带来的活力与情感沉醉之中，并且力

45

度也将自动转向更强之时。

在贝多芬 A 大调第二钢琴奏鸣曲的舒缓乐章中，起始部分有用钢琴断奏（Staccato）模仿低音提琴拨奏（Pizzicato）音色弹奏的低音部分，这在以后的奏鸣曲中很常见，舒伯特也常在他的钢琴作品中使用这种方法。为了让重叠的声部保持清晰，现代三角钢琴的中间踏板[1]可以发挥很好作用。

另外对于我来说，这部奏鸣曲的终乐章是个典型例子：出版者在音乐作品中不该使用"类似的"这种词语。如果在一部乐谱版本的修订标注中写道：这个乐段采用类似这种节奏，"如此这般"地进行呈现，将会极大程度破坏其可信度。如果作曲家做出了不同的标注，必有其用意！

最好的例子就是第四乐章主题中那生动的、扣人心弦的弱起小节（Auftakt），这根本没有什么可"类比"的！也许循环往复中，让这部作品有了一个如此神奇的"开始"——每次标注的拼写都有差别，每次都被全新阐释，每次都会"卷入"新的细小偏差。不仅如此，对那些与乐章主题紧密相关的后续内容，每次装饰的方法也并不一样，比如即兴演奏艺术和装饰音技巧。

我们当然知道，贝多芬是一位多么受热爱的即兴演奏家，也因此被称为"梦幻大师"。他挥笔写下各种想象——虽然他允许自己跟随本心，但他绝对不愿看到别的诠释者不遵循乐谱演奏！

当我们在欣赏这个因每次标注不同而极具特色、在作曲意义上独一无二的乐段时，或许会听到某个细节：可能在某次随性的

1　即持音踏板。

钢琴演奏中，人们曾无意中使用了它——比如一个颤音——后来，它却渐渐演变成一个动机，成为这个乐曲主题精华的组成部分。

C 大调第三钢琴奏鸣曲（Op. 2 No. 3）

有活力的快板 - 柔板 - 快板的谐谑曲，快板 - 很快的快板

Allegro con brio-Adagio-Scherzo. Allegro-Allegro Assai

前文中，我们提到了关于贝多芬第一钢琴奏鸣曲交响乐式的要求，而贝多芬 C 大调第三钢琴奏鸣曲的第一乐章，听上去则更像一首没有由管弦乐团演奏的钢琴协奏曲：由四个乐章组成的大型作品，包括一个结尾前的华彩乐段（Kadenz）。

如果理解了乐段的划分，并且在没有忽略贝多芬标注清晰连音（Bogen）的情况下进行演奏，那么将会感觉到：这段乐曲的开场不仅技巧华丽，同时还有强烈的情感表达，更确切地说，是一种"深切的痛苦"。

事实上对于我们钢琴演奏者来说，学习划分乐段并非如弦乐演奏者、声乐表演者那般顺理成章且不可或缺。

弦乐演奏者必须思考一个乐段使用什么样的弓法演奏，这其中有着明晰的自然法则。但与之相反，对于钢琴演奏者来说并不存在上弓或者下弓。

因此我们必须注意乐句记号所标注的范围，并且结尾处不存在重音。对于小提琴手来说这一切清楚明了，而对于弹奏钢琴的人来说却并非如此——因此会经常出现错误，或者说是丧失音乐性。

就记谱法而言，我们可以在 C 大调第三钢琴奏鸣曲第一乐章精巧的段落中，找到同样的演奏技法：在极快的演奏速度中，右手的连奏乐句与左手的断奏相互对抗——如果现在松开踏板，则完全没有这种效果。这也是经常会出现的错误。另外，如之前所提及的奏鸣曲一样，在这里，我们看到一种极端的力度对比：从"弱"或"很弱"，到"强"或"很强"，从满怀勇气到充斥痛苦的乐声，这些对于那个时代来说无法想象。在第三乐章的中间段落从始至终都在使用"很强"这个力度记号。无法想象，作曲家需要用如此清晰的标注，诠释其中的细腻差别。

关于柔板部分，车尔尼在他的文章《关于如何正确演奏贝多芬钢琴全集》中写道：

从这部作品的柔板部分，我们已经依稀可以看到由贝多芬日后开启的浪漫主义倾向，那是一种从乐器性向图画感、诗意性的发展，不仅仅是一种简单的感知表达：耳有所闻、目有所见。在人们耳边回响的是来自贝多芬的叙述，但它依旧是一部通过克制、规则完整演绎出的乐曲，悠扬而无拘束。

在柔板的开始部分，需要通过规律的律动传达出强烈的情感，由于人们因乐章中的间歇无法马上集中注意力，因此在接下来的小调乐段演奏中，要尽可能让旋律流畅而饱含深情。

在本作品终曲部分，并没有如 f 小调第一钢琴奏鸣曲使用"急板"（Presto）那般选择"最急板"，而"仅仅"是用了"很快的快板"（Allegro Assai），这其实是与实际演奏有关的，对于这部分使用的复杂平行和弦来说，为了保持音高稳定，这个速度已经足够了，这也是让我们感觉最"舒适"的快板节奏了。因此我们也能想象，这对于当时的人们来说，是怎样一种感受了。

与约瑟夫·海顿

关于贝多芬与老师约瑟夫·海顿的关系常常众说纷纭——当费迪南德·里斯将那段往事公之于世后，至少可以说贝多芬曾拒绝在他第 1 号作品的首版封面上题写"海顿的学生"。关于这位老师，贝多芬曾说自己"从未从海顿那里学到什么"。这种有些过度夸张的表达源于贝多芬的性格，我们都知道，无论从课程还是"教学安排"，关于作曲技艺这位年轻人曾向他的偶像表达了怎样的感谢。

两位艺术家一直极为重视他们之间的关系。据可考证资料而知，当海顿得知自己具有极强自尊心的学生需向富有的赞助者里希诺夫斯基借款时，曾给予贝多芬经济上的帮助。他们之间更像是一种音乐家的"合作关系"，最显著的就在我们所说的那次"回归"之后。1795 年 12 月（另一次是在次年的 1 月），当海顿结束了两次伦敦之行后，贝多芬曾在他的大型音乐会及另一次钢琴音乐会上参与演出。

一个名家身边的年轻音乐人，当时一般是没有单独介绍的。在《音乐大学院报》（Die große musikalische akademie）上刊登的、关于里道藤大厅（Redoutensaal）中举行的海顿三首《伦敦交响曲》

（Londoner Symphonien）的首演宣传公告上，除了曲目外，还有关于"贝多芬先生"及"他用钢琴演奏自己作品音乐会"的信息。我们可以想象一下这意味着什么：对于海顿来说，英国之行被看作他作曲家人生中无比光荣的一页，维也纳社会都在倾身聆听，想知道海顿会凭借什么样的作品在伦敦创造辉煌。也许我们可以用一个今天"对等"的例子进行类比：一支很受欢迎的摇滚乐团在一场完全保密的现场音乐会上推出了自己的最新专辑，而相关的唱片发布则安排在一个月后。为了能听到新曲，维也纳人蜂拥而至——而在这里，我们年轻的天才也得到一方天地展示自身，不过随之而来的流言蜚语同样络绎不绝。

为了我们的天才，海顿曾无比谦恭地给波恩选帝侯写信，请求让这位年轻人从政府多得到一些收入。很快，海顿就收到了回信，信中附有确实证据、将贝多芬称作有目共睹的"懒汉"，甚至是一个骗子，随信寄来的曲稿用以证明这位海顿学生的懒惰由来已久。

但事实上，贝多芬在波恩时期已经完成了一些堪称天才般尝试的作品草稿，甚至已经完成了初稿。

这些控诉原本是为了催促年轻的臣子收拾行囊、马不停蹄地赶回家乡完成自己的任务，但选帝侯的斥责声被现实淹没：战争的阴云已笼罩欧洲。拿破仑的军队占领了波恩，虽然此后皇帝的队伍（选帝侯马克西米利安是约瑟夫皇帝的侄子）再次夺回了这座城市，但哈布斯堡王朝在莱茵地区的统治已分崩离析、日薄西山。贝多芬留在了维也纳，因为在这种情况下重返故乡已是无望，他的君主也将在不久之后失去权力。

作为后来贝多芬最重要的音乐出版人之一，尼古劳斯·西姆罗克（Nikolaus Simrock）当时在波恩选侯乐队中任档案管理员。在一封贝多芬写给他的信中，透露出当时帝国首都充斥着的政治摇摆和背叛之声："在这里，可以从不同人口中听到不同的声音。人们说，这里应当要起义。但我认为，只要奥地利人还有麦芽啤酒和戏剧小丑，他们就不会这么做。城郊的大门晚上 11 点就会关闭，军人荷枪实弹，人们不允许大声喧哗，还有警察在这里安营驻扎。"

帝王之曲，战争警笛

那是 1796 年与 1797 年之交，爱国的激情点燃了冬日的维也纳，法国的战争被推向第一个高潮（对拿破仑来说一切还胜券在握）。在贝多芬的歌还未问世前，人们口中是对战争必胜的呼喊，艺术家同样也在抗争。那时海顿创作了给皇帝约瑟夫的《帝皇颂》（Kaiserlied），这首为帝王高歌的赞曲，很快成为奥地利的秘密国歌。当时，贝多芬也为那些爱国文字谱曲。那些虽简单却朗朗上口的旋律，可以通过贝多芬作品目录的旁注很快找到。

我们是伟大的德意志，
是力量，是正义！
法兰西，对此你们还心生怀疑，
法兰克人，对我们你们知之甚少。

我们有圣德的君主，

他让我们满怀勇气；

我们有美好的女子，

这一切世间无可比拟。

　　人们伴随着贝多芬的音乐唱出这些文字，作曲家则亲自执棒——虽然他的身份仍属宫廷。当皇帝号召每个人都拿起武器加入军队，呼喊着"虽经过十年坚守，但奥地利公民还未取得胜利"之时，贝多芬也加入其中。戏剧化的是，自出生伊始就作为哈布斯堡王朝臣民的贝多芬，现在作为奥地利人在效力，即使他并没有冲锋沙场，而是作为一名乐队队长表演爱国作品。虽然，对于这一点后世不愿多提。

　　贝多芬并未卷入战争，常年如影随形的肠绞痛让他不宜入伍，这也让他可以继续完成降 E 大调第四钢琴奏鸣曲（Op. 7）的创作，但这部作品并不关乎战争历史。完全相反，我们看到的是一位沉醉的抒情诗人，更确切地说：我们更加懂得了贝多芬。

献给女王的"简易"奏鸣曲

g 小调第十九钢琴奏鸣曲（Op. 49 No. 1）

　　行板－快板－快板的回旋曲

　　Andante-Rondo. Allegro

　　创作于 1795—1797 年间，于 1805 年出版

G 大调第二十钢琴奏鸣曲（Op. 49 No. 2）

不太快的快板 - 小步舞曲的速度
Allegro ma non troppo-Tempo di menuetto

这两部被归为贝多芬最早期奏鸣曲的作品，虽创作于 1795 年至 1797 年间，但直至 1805 年才由维也纳艺术与工业局（Bureau des Arts et d'industrie）以第 49 号作品《g 小调、G 大调两首简易奏鸣曲》出版发行。其中，G 大调第二十钢琴奏鸣曲包括分别用"不太快的快板"和"小步舞曲的速度"演奏的两个乐章，这也成为贝多芬最受欢迎的旋律。后来，这个旋律被运用于献给玛丽娅·特蕾西娅皇后（Maria Theresia）七重奏中的第三乐章，但需要把这位约瑟夫二世的妻子与皇帝的同名祖母、那位著名的特蕾西娅女皇加以区分。

降 E 大调第四钢琴奏鸣曲（Op. 7）

很快而有精神的快板 - 富有表情的广板 - 快板 - 优雅的回旋曲
Allegro molto e con brio-Largo, con gran espression-Allegro-Rondo. Poco allegretto e grazioso
创作于 1796—1797 年，于 1797 年出版（阿塔里亚出版社）
献给巴贝特·科勒维奇伯爵小姐（Gräfin Babette von Keglevics）

如果说那部以 Op. 2 为编号的奏鸣曲集还依旧沿用了源于巴洛克时期，将作品成组出版的典型方式（同一个作品号下包括

3、4、6甚至12首奏鸣曲，混合了交响曲或协奏曲），那么贝多芬则改变了这种直到海顿时期仍极为普遍的传统，让钢琴奏鸣曲作为独立作品出现。E大调第四钢琴奏鸣曲是第一部被作曲家本人称作"大奏鸣曲"，并需要独立作品号的作品。对于贝多芬来说，降E大调是个很特殊的调式。当然这部降E大调作品并非传奇的孤例——如果我们想到贝多芬降E大调第三交响曲《英雄》（Eroica，Op. 55）或降E大调第五钢琴协奏曲（Op. 73）的话——但正如贝多芬常用的那样，在这首作品中降E大调传递了一种伤感多情的情绪！

若将过多精力仅仅关注于调性特征，难免会有扣槃扪烛、失于片面的可能。如果我们使用一种"平均律"（Wohltemperierte Stimmung）[1]乐器演奏F大调或降D大调的作品，听起来将不会存在明显差别，因为钢琴琴键间的半音音程关系是一样的。

例如，我曾尝试过用降半音的D大调演奏这首降E大调作品的最后乐章，结果却大为失望：原本那赞美诗般悠扬的、充满了温柔欣喜的恋曲旋律变得不再柔软、温暖、赤诚，听上去尖厉刺耳。这大概如另一个著名的转调例子，即舒伯特的第一部即兴曲作品：降G大调即兴曲。在这部作品的首版印刷时，出版社考虑到乐曲每行开头有太多降号（b），可能对于业余钢琴爱好者来说

1　关于此词中文译名仍存争议，常见的还有如"好律""良律""恰当律"。虽然德语中"平均律"（Gleichstufige Stimmung）指另一种音律概念，但由于巴赫的《平均律键盘曲集》（*Das Wohltemperierte Klavier*）的译法已经普及，因此沿用此译法。

太过困难，因此在近一个世纪中，这部作品都以 G 大调广为流传。直至 20 世纪中期，仍有不知最初版本的俄国钢琴家，惊讶于我们用低一个半音来弹奏这部作品。而且从钢琴演奏的角度来说，用降 G 大调来弹奏这部作品也有更好的演奏"手感"。不得不说，音乐性的差异是无法用数学方法加以诠释的。

在这部热情的降 E 大调奏鸣曲中，许多乐段都充溢着贝多芬那无可救药般的爱恋之情。这是一部献给巴贝特·科勒维奇伯爵小姐的作品，而作曲家音乐中深深眷恋的，是否也正是这位女士？

这部作品全曲都流淌着如歌的音乐性，在那用显而易见的强烈情感演奏的"广板"部分，我们可以再次看到用断奏技法模仿低音提琴拨奏的低音乐段，这里同样可以使用虽不存于贝多芬时代、今日却很有效果的持音踏板来演奏。在贝多芬时代，人们采用别的方法达到这种效果。钢琴制琴师傅们不断对踏板技术进行改进，曾经有段时期，他们制造出有四五个不同踏板的钢琴，每个踏板对应不同的音区——这很有用，但当然也会带来困难，尤其是需要流畅演奏涵盖不同音区的乐段时。

穿睡袍的大师

的确关于科勒维奇伯爵小姐！在一份草稿上写有这样一段脚注："感谢他在 P. 的驻足"，我们根据上下文得之，这里的"P."是指普雷斯堡（Pressburg，即当时匈牙利的波若尼 [Pozsony]，今日斯洛伐克的首都布拉迪斯拉发 [Bratislava]）。科勒维奇伯爵就居住在普雷斯堡，他优雅的女儿巴贝特曾跟贝多芬学习钢琴。

由于贝多芬当时住在伯爵家中，看起来他上课的穿着常常很不拘小节。不光作家古斯塔夫·诺特伯姆（Gustav Nottebohm）记载过贝多芬的这个"怪癖"，伯爵小姐的侄子在很多年后还能回忆起当时的场景。

那首奏鸣曲是为科勒维奇伯爵小姐而作的，当时她还是个小女孩。他有一个怪癖，这当然是他众多怪癖之一：当时他住在家中，因此他常会穿着睡袍、脚踩拖鞋，戴一顶绒球帽去姑母那里给她上课。

如果所述真实的话，这从侧面反映了两人亲近的关系。那时巴贝特·科勒维奇这位年轻女士得到了贝多芬赤诚的倾慕。而从她那里，贝多芬同样也收获了真挚的尊重。

除降 E 大调第四钢琴奏鸣曲之外，贝多芬献给这位伯爵小姐的作品还有：以萨列里歌剧《法斯塔夫》中的二重唱"正是这样"（"La stessa, la stessissima"）为主题的十首变奏曲（1799 年，WoO 73）以及在她婚后创作的 C 大调第一钢琴协奏曲（1801年，Op. 15）。当科勒维奇小姐成为奥德斯卡契女侯爵后，两人的师生关系并未中断。车尔尼曾提到，当时贝多芬对这位年轻女士心生爱恋，他还提到，那部降 E 大调奏鸣曲被作曲家本人称为"爱恋"。

大约在 1800 年，贝多芬公开受邀并频频现身于奥德斯卡契宫的舞会。在一封写给尼古劳斯·齐默斯卡（Nikolaus Zmeskall）的

贝多芬留下的写字台

信中，贝多芬向这位被他称作"音乐伯爵"（Musikgrafen, 简写为 M. G.）的朋友提到：由于他必须出席很多交际场合，因此常被"邀请"演奏那首极受欢迎的七重奏。这一次，他必须恳请齐默斯卡出力"相助"。

在这珍贵的信纸上面，我写下了对最尊敬的音乐伯爵的请求：是否可以请您明日在奥德斯卡契演奏七重奏。由于辛德尔柯（Schindleker）的缺席，这部作品被迫中断。若您也无法前来相助的话，这一切一定会被认为是我的疏忽。

因此，我诚挚地恳请您可以相助，您会得到极为尊重的礼遇。明日，奥德斯卡契侯爵将亲自修函于您。

排练时间为明日上午 11 点，我会为您送去总谱，用于小步舞曲的独奏部分，也是众所周知最难的部分，供您使用。

　　盼复

您的 贝多芬

　　另：斯宾格（Spinger）是当日小提琴手

　　同样引人注目的是，信中还提及了首席小提琴手，通常情况下他在乐队中承担"指挥"的作用。

»... ein Mann von Genie«

"一位天才"

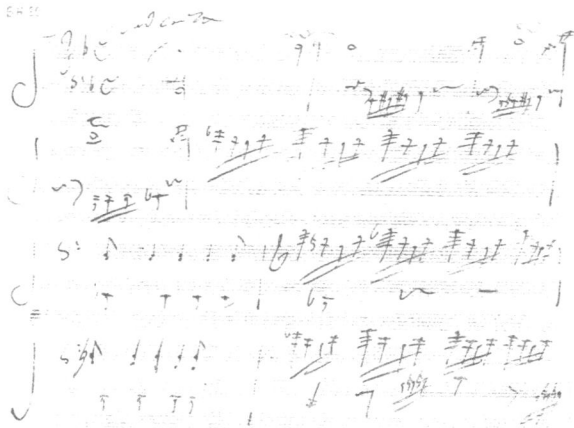

三首奏鸣曲（Op. 10）

创作于 1795—1798 年间

1798 年 7 月 5 日，通过《维也纳日报》人们得知贝多芬三首新奏鸣曲诞生的消息。在 1799 年的《共同音乐报》（Allgemeine musikalische Zeitung）上，也可以找到当时评论家们对作品的点评。

毫无疑问，范·贝多芬先生是一位天才。他充满创造力且坚持自我。他缜密而高超的创作能力与超凡的乐器演奏技巧，无疑让其跻身于我们这个时代最佳的钢琴作曲家与演奏家之列。他的脑子中时常充满各种灵感，而一个有所追求的天才是不会轻易让这些想法溜走的，只要他能找到将其写下的工具；但这些创意又经常毫无章法地堆积在贝多芬先生的脑海中，为了整体效果利大于弊，他只能通过神秘的艺术性，抑或是艺术的神秘性，将其用异乎寻常的方式组合在一起。想象力——贝多芬所拥有的这一点非常人能及，辅以优秀的专业知识，一切太过难得。但对于一个作曲家，尤其是一位心怀庄严的伟大艺术家而言，他会对那些肤浅、迎合流行的创作嗤之以鼻。更多时候，那是在内心中建立起的强大生命，邀请行家们对他的作品反复剖析。然而，所有艺术家都身负重荷，这导致他们对效果及知识的渴求，在作品（这个词适用于普遍的艺术范畴）的缜密性和多样性中，明朗感和优雅感一目了然。渐渐地，贝多芬先生尝试通过他的方式习惯这些，并且相较之前开始对此更加珍惜，也不再压抑心中的希冀——相较作曲家别的一些奏鸣曲类的钢琴作品，现在的这部乐曲，更加清澈而优美，当然并没有脱离缜密性，那种期许在作曲家心中依旧生机勃勃——这部极富想象的作品符合这一切。虽然他的工作一定程度上是源于经济原因，但人们仍深感庆幸，虽然这些恰好相互对立。他是罕见的艺术家，让人们忍不住向其呼喊：请留存些您的才华吧，珍惜它们！这一切并不常见，他不仅拥有无穷灵感，并能够将其进行组合！在这里，相较更多的直接批评，贝多芬先生应该享受的是更多认同的声音，如果他在一方面备受争议，在另一方面则会饱受赞誉。

c 小调第五钢琴奏鸣曲

很快而有精神的快板 - 极慢的柔板（降 A 大调）- 最急板的终曲
Allegro molto e con brio-Adagio molto (As)-Finale. Prestissimo

在献给布劳尼伯爵夫人的三部奏鸣曲中，c 小调第五钢琴奏鸣曲是第一首。这首曲子会一下抓住熟悉贝多芬音乐之人的耳朵，因为它是"命运交响曲调式"的—— 我们立刻会想到《悲怆》奏鸣曲，当然还有贝多芬最后那部传奇的奏鸣曲（Op. 111），当然，首先还是第五交响曲。可我们只要稍微想一下就能发现，这样的"命名方式"是多么地毫无远见，虽然这并非是只在贝多芬作品中会遇到的情况。无论是我们说的《命运》交响曲，还是前面提到的"命运交响曲调式"，从内容上来说，其实并没有什么意义。如果我们仔细听的话，那"命运的敲门声"在这部 c 小调奏鸣曲中已经出现。这个著名的"叩击"主题——在"热情"

奏鸣曲中我们同样能够听到——其实在 c 小调第五钢琴奏鸣曲的终乐章已经重重地敲响。

同样，在 c 小调第五钢琴奏鸣曲中，还有许多别的东西牢牢留在乐评人和音乐爱好者的脑海中，挥之不去。因此钢琴比赛里，c 小调奏鸣曲常常被排除在选曲表之外。在目录中，这支曲子常常被归为"小"奏鸣曲，但事实上，它的演奏要求非常高，尤其关乎钢琴演奏者的弹奏文化！看起来简单的事情，往往是最难的。正如我们所见，与贝多芬给人的"外表印象"相反，他的钢琴能够"歌唱"。在演奏这部作品时，人们通常都太用力了，他们尝试用"命运"交响曲的那种方式来诠释它——尤其这还是一部 c 小调作品——得到的结果恰恰相反。在奏鸣曲前 4 个小节中，先是"强"（forte），紧接着就是"弱"（piano）。人们往往会把这 4 个小节弹奏得很平均，抹去了曲调里的冲突感。作品中第一个简短的、令人激动的"对话"，通过作曲者预先设定的演奏方式，如"加强每一个音"（Rinforzando），并在相互交叠的"很强"与"很弱"中，节节攀升带给人最盛大的激动，并最终汇入"很强"所带来的冲击中——贝多芬在每个小节中都设定演奏方式，以此来保证乐曲的张力！——在这个抒情的歌唱主题中，他在很小的空间内创造出了巨大的反差。从上面所提及的这个段落到钢琴模仿的"吟唱歌声"，这中间只有 32 个小节，仅仅只有若干秒——听众们要仔细聆听，以免遗漏了什么。

正因是"小"奏鸣曲——这要求演奏者必须集中注意力，即使是在"极慢的柔板"部分我们也能看到各种表达符号，用来追求一个小节中不同的层次和色调：在一个已经需要强奏的乐句中，使用"突强"（Sforzati）强调一个单音，或是在一个已经非常丰富的旋律中，再标记出一个情感的高潮。

关于旋律："柔板"的开始部分就向我们展示了，什么是贝多芬旋律的特点。在最后一次的重复中，用切分音（Synkope）演奏的绝妙结尾，创造了一个梦幻的瞬间。在明亮的"最急板的终曲"中，形成了非常诙谐的效果：用强音和弦来结束呈示部（Exposition），随后整首曲子用出人意料的方式以"渐弱"收尾——慢慢消失在无形之中。

F 大调第六钢琴奏鸣曲

快板 - 小快板（f 小调）- 急板
Allegro-Allegretto (f)-Presto

这部 F 大调奏鸣曲，是贝多芬第 10 号作品三首曲子里中间的那一首，也是贝多芬第一部没有慢速乐章的奏鸣曲，这种形式之前已经存在，海顿的奏鸣曲经常也只有两个乐章。在此之前，贝多芬基本还是遵从三乐章结构——即快速演奏的第一、三乐章，和中间的慢速乐章，或是交响乐式的四乐章"大奏鸣曲"。在他日后的交响乐作品中，也有一些并没有使用"行板""柔板"这些速度。

在贝多芬的所有奏鸣曲中，F 大调第六钢琴奏鸣曲是他第一首灵活安排乐曲结构的典型例子——这在贝多芬此后的作品中也经常见到，例如在我看来，在降 E 大调第十八钢琴奏鸣曲（Op. 31 No.3），即《狩猎》奏鸣曲（Die Jagd）中，就有许多在第六钢琴奏鸣

Der Flügel Beethovens.
Erbaut von Conrad Graf in Wien. Vom Meister bis zu seinem Tode benutzt.

贝多芬使用的康拉德·格拉夫（Conrad Graf）三角钢琴，
直至去世作曲家都在使用它

曲中极少出现之处：如果一定要给那个模仿性的、用"急板"演
奏的终曲乐章的开始部分找一个理由的话，那是用一种音乐的方式
描绘狩猎画面——你会相信，耳中所听到的是狩猎的号角之声。

此外，正如谱面上所见一般，对于钢琴演奏家来说这部作品
也极为棘手：最后的音常常会被弹错。

D 大调第七钢琴奏鸣曲

急板 - 忧郁的广板（d 小调）- 快板的小步舞曲 - 快板的回旋曲
Presto-Largo e mesto (d)-Menuetto. Allegro-Rondo. Allegro

如果依照时间顺序来欣赏这些奏鸣曲的话，就能发现，贝多

芬第 10 号作品中第三首奏鸣曲的开篇，是对本系列上一首曲子，即 F 大调第六钢琴奏鸣曲结尾的回应——它们的旋律近乎一样，只是方向不同，节奏也差不多。

另外，从演奏角度来说，看起来最简单的却往往是最棘手的。由于和声结构和音色（Klanglichkeit）的原因，我们不得不在放弃使用踏板的情况下，对 b 小调主题进行联奏，同样，左手的八分音符也非常难处理。

这个用"忧郁的广板"演奏的乐章，是贝多芬最饱满的慢速乐章之一——人们一直会有种感觉，这里旋律使用的装饰方法，好似是从花腔唱法中得到启发。当 F 大调主题进入时，那是何等美妙的时刻！此音乐使我们相信，通过双耳我们一定会爱上贝多芬。随着乐曲的推进情绪不断叠加，情感四溢——虽然通过那些力度标记一切已清清楚楚，在短短几个小节内就多次变换速度——"很强突弱"（"ffp"）表示从最强音突然回弱。

通过用 32 分音符弹奏六连音（Sextole），低音部分最开始的主题再次重现——这又是一个充满想象力的"即兴艺术"范例，那种富于变换的技巧。我喜欢从"广板"结尾部分的低音 D 中，延伸出温柔的、歌唱般的 D 大调小步舞曲。在小步舞曲中同样有强烈的冲突效果——这点在三重奏部分尤为明显（比如交替的强奏和弱奏变化）——人们不能忽略这里的细微之处，例如右手弹奏的音，一会儿在低音区，一会儿又在高音区，或是一会儿需要断奏一会儿又要连奏。

这部作品的终乐章是一首宏大的即兴曲——通过许多延长符号可以找到节奏"切入"的位置，演奏一直在变化，一直与之前有所不同，在充分的自由感中渐渐结束——结尾部分听起来好似爵士乐，通过一个切分乐段，在这里我甚至有时候希望能有打击乐加入。

贝多芬，骏马的主人

以第 10 号作品编号的三首奏鸣曲，是贝多芬献给布劳尼伯爵夫人的。通过名字可知这个家庭的出身：比贝多芬年长三岁、来自爱尔兰的约翰·格奥尔格·冯·布劳尼伯爵（Johann Georg von Browne），曾在俄罗斯军队中担任过军官，是一位看起来有些复杂的人。"与我一起生活的一个特别的人"，他的一位友人曾经这样写道："一方面，他有极佳的气质、美好的思想品质和内心，另一方面他又非常软弱和堕落。"

作为贝多芬的人生理想之一，他想有朝一日可以拥有一匹自己的马，这在那个时代是"上流社会"身份的象征。曾经，布劳尼送过贝多芬一匹马以表敬意，但养马的费用实在太昂贵了，不久之后贝多芬就把马还了回去。从贝多芬到维也纳的第一天开始，布劳尼伯爵就是他最重要的赞助人之一。贝多芬通过为其创作乐曲获得经济上的资助。除一部弦乐三重奏（Op. 9）外，降B大调第十一钢琴奏鸣曲（Op. 22）、"盖勒特宗教歌曲集"（Op. 48）、为钢琴与大提琴所作的，以莫扎特"知道爱情的男子"（"Bei Männern, welche Liebe fühlen"）为主题的变奏曲[1]都是献给这位伯爵

---

1   作品号 WoO 46。

的。除此之外，贝多芬也常在布劳尼伯爵府邸举行的音乐会上进行即兴演奏。也就是在这种情况下，布劳尼家委托贝多芬创作了四手联弹的三首钢琴进行曲（Op. 45）。除第 10 号作品外，贝多芬献与那位于 1803 年离世的伯爵夫人安娜·玛格丽特（Anna Margarete）的作品还有以《林中少女》（Waldmärchen）中的俄罗斯舞曲为主题的变奏曲 [1] 及以弗朗茨·克萨韦尔·苏斯迈尔（Franz Xaver Süßmayer）歌剧主题"嬉弄又嘲笑"（"Tändeln und Scherzen"）为主题的变奏曲。

贝多芬与流行的曲调

降 B 大调钢琴三重奏（Op. 11）

创作于 1798 年

《流行小调三重奏》（Gassenhauer）可以说是将室内乐与变奏曲结合最好的作品之一。这部写给单簧管、钢琴与大提琴的乐曲，其结尾乐章的变奏曲采用了当时广为传唱的歌剧主题，作品也由此得名。同那段备受喜爱的旋律一样，贝多芬的这首变奏曲也迅速走红，但面对大众的喜爱，作曲家却经常疑虑，就如同车尔尼所述，贝多芬甚至一度想更换掉这首作品的终曲部分。他对乐曲结尾的不满意，甚至影响了他对整部作品价值的判断。车尔尼还提到："贝多芬一直想给这部包含单簧管的三重奏，写一个不同

1　作品号 WoO 71，A 大调，作于 1796 年。

的终乐章。这部变奏曲主题的选择，也源于一位单簧管演奏家的愿望，其实这部三重奏就是为他而作。"

这部第 11 号作品涉及许多"手腕练习"，这在贝多芬那几年的创作中屡见不鲜——甚至在一定程度上影响了这部作品的"口碑"。但令人惊讶的是，这些根据流行主题而作、适用于家庭演奏的变奏曲，促进了市民音乐的（虽然一定程度上依旧是"精英化的"）诞生，并成为一种手艺范畴。相较那些"主流作品"——如贝多芬 C 大调第一交响曲（Op. 21）或 D 大调弦乐四重奏（Op. 18），这些作品并没有引起很高重视，创作速度也非常迅速。但这并不意味着其品质欠佳。

当安东尼奥·萨列里（Antonio Salieri）[1] 根据莎士比亚的戏剧改编的歌剧在城堡剧院完成了首演，紧随其后，贝多芬就创作了这部没有使用作品编号的、用此歌剧主题的变奏曲：1799 年 1 月 3 日，《法斯塔夫》迎来首演，同年 3 月 2 日，阿塔里亚出版社发布了这十首根据二重唱"正是这样"（"La stessa, la stessissima"）为主题而作的变奏曲。与降 E 大调钢琴奏鸣曲一样，这部变奏曲也是献给巴贝特·科勒维奇伯爵小姐的。此后，贝多芬用了更长的一段时间，根据彼得·温特（Peter von Winters）的歌剧《被打断的祭礼》（Das unterbrochene Opferfest）创作了系列变奏曲——这部作品于 1796 年被写上曲目单，直至 1799 年竟重演了六轮。同年 12 月，与以彼得·温特歌剧中的四重唱"儿啊，静静

---

1   1750—1825，意大利作曲家、音乐教育家。

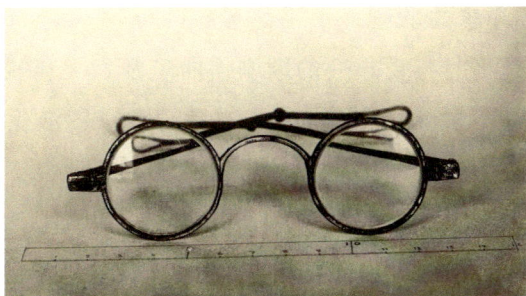

大师的眼镜

安睡"（"Kind, willst du ruhig schlafen"）为主题的七首变奏曲 [1] 同时期创作的还有根据苏斯迈尔的歌剧《所罗门二世》（Soliman II）中三重唱"嬉弄又嘲笑"为主题的变奏曲 [2]，该作品于 1799 年 10 月首演。

这一系列中还包括如今天依旧被经常演奏的为大提琴、钢琴而作的，以莫扎特《魔笛》中"女孩还是女人"（"Ein Mädchen oder Weibchen"）为主题的变奏曲，这部作品完成于 1789 年 9 月，但很久之后才作为第 66 号作品出版问世。

此外，贝多芬还对莫扎特歌剧中的主题略微进行变动，他简化了节拍结构并且避免了节拍变化——比如莫扎特在帕帕吉诺（Papageno）唱段中将节拍从 2/4 拍换至 6/8 拍。

这部单簧管三重奏作品（Op. 11）终乐章朗朗上口的变奏主题"在工作之前"（"Pria ch'io l'impegno"）是根据于 1797 年

1　　F 大调，作品号 WoO 75。
2　　F 大调，作品号 WoO 76。

10 月首演的歌剧《水手之爱》（L'amor marinaro）而创作。其作者是当时很受欢迎的歌剧作曲家及意大利歌剧指挥家约瑟夫·魏格尔（Joseph Weigl）。车尔尼曾试图淡化这首至今仍很受欢迎的变奏曲终乐章的价值，他说，贝多芬应该并不知道这个主题出自魏格尔之手——但是，如果那位单簧管演奏者真的用"流行小调"为这个变奏曲主题"命名"的话，那么作曲家当然不知道原作者到底是谁，特别是贝多芬在手稿上还写了曲名。因此，就让我们将它视作一个给贝多芬，也是给我们自己的玩笑吧。

同样是一部《流行小调三重奏》，曾在贝多芬与其最强劲的钢琴竞争对手丹尼尔·施泰贝尔特竞技时，为贝多芬取胜助了一臂之力。

钢琴竞技与二重奏

在那个时期，贝多芬常常以钢琴家的身份参加"竞技之战"，就如我们前文提及与施泰贝尔特的那般。通常，贝多芬只演奏自己的作品，即使是与其他钢琴家一起演出时。曾经有一场钢琴与管乐五重奏（Op. 16）演出，在宫廷中备受礼遇：那是 1798 年 4 月，弗朗茨皇帝亲临安东尼奥·萨列里举办的演奏会，身为宫廷乐长萨列里多次称赞了这位来自波恩的年轻人。其后不久，贝多芬就开始在萨列里处学习，尤其是关于人声部分的编配。当时上课所用的练习稿都被保留了下来，我们在上面可以看到萨列里大量的批注笔迹，他的权威性让贝多芬这位早已技艺纯熟的天才心悦诚服！

竞争让身为钢琴家的贝多芬成长。当时，半个欧洲都臣服于钢琴家约瑟夫·沃尔夫尔膝下。这位比贝多芬年少两岁的萨尔茨堡音乐家，被人们视为传奇。他曾随利奥波德·莫扎特学习，并因 7 岁时一场自己作品的小提琴演奏会而轰动一时。关于他的钢琴演奏技巧，就如他自己所言："已是极为精湛。"作为作曲家他追随着莫扎特的脚步，至少，从演出地选择这个角度来说如此。在布拉格，他备受追捧；在维也纳，他被《魔笛》的经纪人席卡内德（Schikaneder）聘用：1795 年 11 月，在《魔笛》的首演地维登歌剧院（Theater auf der Wieden）上演了沃尔夫尔的歌剧《地狱山》（Der Höllenberg）；1797 年 1 月，歌剧《美丽的奶场姑娘》（Das schöne Milchmädchen）也在卡恩特纳托尔剧院（Kärntnertortheater）上演。

但作为一名钢琴艺术家，沃尔夫尔是"危险的"，这种概念就如同贝多芬之于维也纳人一样。

瓦茨拉夫·托马谢克曾亲耳听过 1799 年在布拉格的对决，他对此的描述格外生动。

由于那些通过各种报刊广为传播的、身为一名非凡钢琴演奏家的名声，让这座城市的乐迷们对他的艺术造诣翘首以待……演奏会在剧院举行，到场观众人数众多。音乐会上，沃尔夫尔无比精准而完美地演奏了自己的作品，他的手能弹到的跨度无人可及……此后，他以《幸运之子》（Sonntagskind）中"假若利泽尔行动"（"Wenns Lieserl macht"）为主题进行了即兴演奏，并以瑰丽而美妙的变奏曲结束了这场演出。这位独一无二的演奏家获得了经久不息的掌声。他身高六英尺，手指长度也异于常人，可以毫无困难地完成非常大的音程跨度。他如此消瘦，不管穿什么衣服看起来都像个稻草人，弹奏力度轻柔得不可思议，可以用一种纤细却美好的触键方式演绎各种速度，这都是别的钢琴演奏者很难做到的，并且他的身体语言自始至终保持优雅。他经常可以用一根、仅仅用一根手指，就能完成一场有各种节奏变化的整个段落的演奏，如莫扎特幻想曲中的行板部分，他可以将高音区的十六分音符一气呵成地弹出来——他因此被称作一位风格独树一帜的钢琴家。也正因为他，记者们会批评别的钢琴演奏者，那些人对乐曲的理解仅是囫囵吞枣，毫无想象力可言。他们完全不懂什么是真正思想深刻的艺术，而他们去讨教技巧的人，就像滑稽小丑一般，只会培养这种意义上的音乐之才。然而沃尔夫尔高超的技巧也并非不竭，就如同光明之下亦有阴影。他的演奏可以说全无阳刚之气，因此很难直击人心，而仅仅停留于对技巧的赞叹。此外，他还缺乏与之相关的温顺修养，幼稚的性格让他拥有了"傻瓜沃尔夫尔"的外号。

1799 年 4 月，莱比锡《共同音乐报》的记者将沃尔夫尔"独特的演奏技巧"与贝多芬直接进行了比较。

对于他们谁更胜一筹的争论人们各执一词：但总的来看，倾向后者的居多。在这里，我尽量毫无偏颇地表达自己的观点，不卷入两者谁更优秀的争论。贝多芬的演奏大气有余而精细不足，甚至有时候弹奏的音不够明确，他最大的优点是无限的想象力。这的确极为出众，贝多芬把给他的每一个主题，通过简洁而坚定的灵感之流，毫无迟疑地从指下弹奏出来。莫扎特作为我心中无出其右之人，自他离世后，我就再也没有经历过这种程度的享受了，而贝多芬在一定程度上做到了这一点，沃尔夫尔则相较逊之。相较贝多芬沃尔夫尔的优点是，他的音乐学习更为系统，并且，那些几乎无法完美表现的作品、乐章，他都能用令人惊叹的方式轻松、准确、清晰地演奏出来（这必然要归功于他那极大的手掌结构），他的演奏恰如其分，尤其是柔板部分是如此令人心悦，既非索然无味也不过于夸张——人们不仅惊叹于他的技巧，更能从他的音乐中得到愉悦……沃尔夫尔凭借他平实并令人喜爱的演奏，可以超越贝多芬而获得更多的支持——这当然也在情理之中。

埃马努埃尔·席卡内德（Emanuel Schikaneder）[1] 剧团中的一位指挥伊格纳茨·冯·塞弗里德（Ignaz von Seyfried）也曾比较过这两位钢琴家，并强调了两者不同的先天条件：沃尔夫尔必须要感谢他那双巨大的手。此外，他还描绘了两位艺术家间那种友好的竞争：沃尔夫尔将他的第 7 号作品，一部钢琴奏鸣曲献给了贝多芬。人们一直津津乐道的是——那次发生在美泉宫（Schönbrunn）附近的克莱尔宫（Chaire，位于今日美泉宫大街 309 号）内的传奇"竞技"——两人坐在一架三角钢琴前，为维也纳的艺术

1　1751—1812，德国戏剧歌唱家、诗人。

行家们共同演奏。

贝多芬最大的支持者是亲切的里希诺夫斯基亲王，而沃尔夫尔的热心支持者则是博才多学的雷蒙德·冯·韦茨拉尔男爵（Raymund von Wetzlar）。这处别墅（位于青山之上的皇家行宫美泉宫附近）以真正不列颠式的忠诚敞开怀抱，欢迎无论来自异国还是本地的艺术家们来到这里，致力于让他们在迷人的夏日中度过美好时光。这里上演了极为有趣的竞技比赛，那是一种无法用言语比拟的、极为丰富的艺术享受；他们拿出最新的思想创造，在一个又一个瞬间中，灵感层出不穷思如泉涌；此后两人又各自坐在了钢琴前，用对方给出的主题进行即兴演奏，或是四手联弹一首随想曲。这些内容即使可以记于纸上，但在瞬间之中，又会发生变化——若仅从演奏技巧的灵活度来说，不可能甚至毫无可能去判断这场竞赛中谁更技高一筹并摘得胜利桂冠：是的，沃尔夫尔拥有先天的巨大优势——他那双大手，使他比任何别人都能更为轻松地弹奏八度（Oktave），这让他可以在一个音程（Intervalle）中将一个连续的双音演奏段落瞬息完成——幻想中，贝多芬抛却了当时不再追逐强烈渴求的个性，沉醉于那无际的音乐王国之中、超越凡尘；他的灵魂冲破了所有紧仄窒息的束缚，挣脱了屈从拘束的羁绊，以凯旋之姿欢呼翱翔于光明的苍穹之下；他的演奏咆哮如浪花飞溅的瀑布，他手中的乐曲如被施以魔法般力量喷薄，但其原本无法支撑这样强大的结构；然后一切退去、和缓，乐声低声轻叹，消融在哀愁之中——灵魂再次一跃而起，击退了瞬息即逝的尘世之痛，在虔诚的音乐中腾空而上，在庄严自然最为圣洁的胸怀中获得安慰——谁还能一探汪洋的深浅？那是神秘的梵语，无法辨读的密语，只有知情人才能明了！而沃尔夫尔则恰恰相反，他属于莫扎特流派，并一直保持着不平铺直叙却十分清晰，也因此更易于被接受。对于他来说，艺术是最重要的追求，而并非堂皇的珍宝或枯燥的学术。他始终知道激起共情，并将其用一系列有序的思想加以记录——听过胡梅尔的演奏的人将会理解，这一切所述是什么。

如果我们可以相信里斯的话，贝多芬日后曾亲口说过，他只对一位钢琴家十分认可，那就是约翰·克拉默。

这位出生于曼海姆、比贝多芬年少几个月的音乐家常年居住在伦敦。曾经，他也引起过海顿的注意。贝多芬所赞赏克拉默的，不仅是他在当时已被肯定的、毫无瑕疵的演奏技术，同样也是他的感受力及富有表达力的演奏方式——这也让他以最高标准要求自我。而克拉默也同样表达了对贝多芬即兴创作艺术的热爱，但他并没有当面告诉过这位同行，因为那源自一次私下欣赏：有一次，他去维也纳拜访贝多芬，在楼梯间等待大师时，对方正好开始了即兴演奏。正如大家所知，贝多芬非常讨厌弹琴时被人偷听，因此克拉默不敢承认这桩"罪行"。日后，克拉默曾对一个伦敦朋友说过：没有人可以说自己听过一首"并不属于贝多芬的"贝多芬即兴演奏。

c 小调第八钢琴奏鸣曲（《悲怆》）（Op. 13）

庄严的、辉煌的快板 - 如歌的行板快板的回旋曲

Grave/Allegro di molto e con brio-Adagio cantabile-Rondo. Allegro

创作于 1798 年，于 1799 年出版（埃德尔及霍夫迈斯特）

献给卡尔·冯·里希诺夫斯基亲王

同样，这又是一部 c 小调奏鸣曲，于 1799 年在维也纳由埃德尔（Eder），不久之后由霍夫迈斯特（Hoffmeister）[1] 出版问世。很短时间内这部作品被两次印刷销售，由此可见它在当时所受的喜爱。如今我们还能对它的创作过程略知一二，因为在至今保存的贝多芬手稿簿中，包括这部奏鸣曲最后乐章的草稿。它与第 9 号作品，弦乐三重奏草稿的创作时间相近。同样在这本手稿簿中，还有虽比上述两部作品出版时间晚，却很明确比《悲怆》奏鸣曲完成时间早的第 49 号作品的定稿。

因此我们可以认为，这部 c 小调奏鸣曲应该是整个官方编号顺序中的"第 8 号"，创作时间为 1798 年。在作曲家最初的设想中，回旋曲是以大型器乐作品形式出现的，或许会写成一部小提琴奏鸣曲，但随着创作的进行，这些动机和音乐思想最后被加工成一部钢琴独奏作品。

值得一提的是，这部奏鸣曲的题目"悲怆"来自贝多芬本人，这种充满强烈情感色彩的表述并不是显而易见的，而是被特意强调的。贝多芬大概想告诉我们：这不是一部随意的奏鸣曲，

1　1754—1812，德国作曲家、音乐出版商。

通过作曲家亲自审校印刷的出版物，为我们澄清了许多误解。这是《悲怆》奏鸣曲的第二页：在"辉煌的快板"第一拍开始前清晰地写着反复记号。贝多芬希望仅仅重复快板部分，而非这个乐章的慢速引子对于演奏者和观众来说，它都非常特别！

钢琴教师们常常试图让年龄非常小的学童弹奏这部《悲怆》，在我小时候也经历过同样的事情，甚至还成功了。我绝对无法忘记，曾在布鲁诺·赛德霍夫老师面前弹奏过这部奏鸣曲。那是在学院（今日的音乐大学）的一个临时住宅，因为位于洛特灵格尔大街（Lothringer Straße）的建筑正在装修。我走进贝拉里亚（Bellaria）并把 c 小调奏鸣曲谱放在桌上，当时我正好 10 岁。演奏这部《悲怆》的结果会直接关乎到——赛德霍夫老师是否接受我作为他年纪最小的学生。演奏之后，我成功了。

赛德霍夫的教学理念是，他的每个学生都应保持个人的特色，人们所聆听的，并非是赛德霍夫学生的演奏，而是弗里德里希·古尔达（Friedrich Gulda）、尼尔森·弗莱雷（Nelson Freire）、玛塔·阿格里奇（Matha Argerich）……

我们从这位老师身上学习到的东西，很少与通常所说的"技巧"有关，更多的都是音乐性的东西，常常只需拍一下肩膀，我们就会知道：这里需要使用一个短暂的自由节奏（Rubato）。

我已经记不清在第一次演奏《悲怆》时，我是否重复了这个"庄严的"引子部分，这与不同的版本有关。出版商没有看到这部作品的初版本，贝多芬在引子后标上两道粗线——并在呈示部开始处明确标记了反复记号（Wiederholungszeichen）。这意味着：慢速的引子部分不需要重复。此外，贝多芬融合了古典主义奏鸣曲形式（当时还不这么称呼，是指作曲实践与之符合）与法国巴洛克序曲形式，在演奏时使用了附点——庄严的引子和弦，就如同我们在贝多芬极为推崇的亨德尔（Händel）作品中常看到的一样，当然还有巴赫——例如 D 大调帕蒂塔（D-Dur-Partita）的第一乐章或是《哥德堡变奏曲》后半段的开始部分。在"奏鸣曲乐章"，即"辉煌的快板"部分，我们可以听到一个有所坚持的贝多芬，无论主部主题还是副部都以小调形式展开：这非常罕见，并将我们引至一个和谐的，与主调（Grundton）相去甚远的区域。在一部 c 小调奏鸣曲中我们一般会期待，第二个主题以降 E 大调（c 小调的关系大调——用相同的四个降号）形式出现在《悲怆》奏鸣曲的副部主题（Seitenthema）中，有不亚于主部主题的"悲怆感"，降 e 小调只在最后转入大调；但也仅仅只在呈示部——再现部（Reprise）依旧延续着小调。因此在这个乐章中，仅有非常短的几个小节是在大调上。

在"回旋曲－终乐章"部分，我们可以再次看到贝多芬记谱的一丝不苟。主题两次被全音符和弦打断，并且出现了两次——就像在一个模进（Sequenz）中——并且相同。一次是"突强后弱"（sforzato-piano），第二次是"强后即弱"（forte-piano）——第二个和弦后，我们被带向一个明确标注有"柔美的"（dolce）经过句。这是一个灵巧而平衡的"渐弱"（Diminuendo），也可以说是这部奏鸣曲"戏剧性"的"渐弱"。

两首奏鸣曲（Op. 14）

关于这部 E 大调第九钢琴奏鸣曲（Op. 14 No. 1），我一直有自己的理解——虽然与约阿希姆·凯撒（Joachim Kaiser）[1] 的观点正好相反，与许多别的乐评家一样，他认为这部作品是抒情诗意的。现在我仍能清晰记得，如果我们共同出席演出，而他恰巧刚分享完自己的分析，他会说："现在布赫宾德会用和我所述完全相反的方式表演。"我常会自问，究竟什么才是这部奏鸣曲开始部分的诗意性？跳动的八分音符催生出翻涌的热情。除非贝多芬用右手弹奏这个分解八度和弦，才会有所不同。一如在贝多芬自己所改写的弦乐四重奏[2] 中，同样可以听到这种不断重复的八分音符（对于弦乐演奏者来讲，高半音的 F 大调会更加舒适），它充满活力，完全与沉静无关。演奏这个乐章时，强烈的激情与不断重现的主题被十六分音符削弱，从低音区抛向高音——这不适用于任何的抒情诗。

作为贝多芬情感最丰沛的作品之一，在 G 大调第十钢琴奏鸣曲（Op. 14 No. 2）中，伴随主题的一次次推进，情感的敏锐度也变得越来越高。同时，贝多芬通过这部奏鸣曲向我们展示了他的幽默感——当我演奏这部作品时，常常会在第二乐章结束时迎来掌声。那是一个用简单断奏——进行曲主题写成的无比轻快的变奏，顺便一提，不同寻常的是，第二部分要进行重复。

在第一个变奏后，紧跟着演奏的就是附点节奏，在弹奏最后一个变奏时，断奏和有连贯旋律线的连奏不断交替，这只能用迷人来形容了——从"很弱"抛向"很强"的结尾音，这是对掌声

1　德国当代戏剧、文学、音乐评论家。
2　即贝多芬 F 大调第一弦乐四重奏。

的直接邀请。此后当然还有终乐章——一个谐谑曲。它拥有小丑的特征：做鬼脸又喜欢捉弄人，就如同后来理查德·施特劳斯（Richard Strauss）所作的交响诗《梯尔·欧伦施皮格尔有趣的恶作剧》[1]（Till Eulenspiegel Lustige Streiche）一般。

顺便一提：虽然在乐章间鼓掌是我们今日的禁忌，但在那个年代，作品的每个乐章都要接受单独的反馈——如果掌声太过热烈，则会根据情况再演一遍。

而贝多芬自己的音乐会，听上去会是什么样的呢？通过以第14号作品为编号的这组奏鸣曲，我们能很清楚地进行了解。一些文献非常详实地记载了这位作曲家是如何表演这部作品的——并且，他的听众会有什么样的反应。

安东·辛德勒（Anton Schindler）[2] 在他的回忆录中这样写道：

此时此刻，我仿佛有万语千言，让我不得不试着提笔写下，贝多芬是如何演绎这两首奏鸣曲的，以及我自己与之相关的直接想法：贝多芬一直有意识地表现两个不同观点，就如同表达者用温柔的嗓音展开的一场对话。

在开始的"快板"部分他追求炙热与强烈，然后使用了十六分音符……让力量减弱，并置入一个减慢演奏的分句（Phrase）……它如此优美，并通过克制及此处每一个柔和音符的流淌而逐渐变

1　取材于同名故事集，也译作《捣蛋鬼提尔》，德国民俗讽刺文学。
2　1795—1864，奥地利音乐家、音乐作家，于1822年秋与贝多芬相识，并以秘书身份为其工作。1840年辛德勒出版了他的首部《贝多芬传记》（Biographie von Ludwig van Beethoven），但关于他对贝多芬的诸多记载描述，目前仍存争议。

化……仿佛让人看到他们记忆中深深渴望的爱人此刻就在眼前，栩栩如生，并听其一诉衷肠。在此后的部分，他弹出了更加强烈的四分音符，带来一种令人欣悦的声音，在此后多彩的行进中他一直使用第一个速度，并差不多保持到……用优美字迹在低音及高音声部第三个音符位置标注的"小行板"（Andantino）。正如这里列举的一样，观众的耳朵可以清晰地分辨出两个截然不同的观点，直至低音声部第九小节才开始变得紧促。接下来的华彩乐章又回到了第一个速度，并且持续到第一部分结束。

在第二部分，贝多芬用一个降A大调上"渐慢"（Ritardando）的两小节引出了这个段落。他的诠释方法极为激烈，就如同用触目的色彩绘制油画。富有幽默感的是，再接下来乐段的高音声部，贝多芬使用了上文所述那种内敛的、强调每个小节第一个音的方法。

其后的乐段十分绚烂，在它结尾几小节伴随"渐慢"，还使用了"渐弱"（Decrescendo）。紧随其后的部分以"行板"速度开始，并在第五小节通过轻微的"渐快"（Acclerando）使之变得更有力，第六小节又回到了原本的速度。在第一乐章接下来的部分，采用了与第一部分相同的行进方式。

这个乐章中包含如此之多的处理，它们都被认真酝酿、色彩相融。就如同贝多芬在其他作品中常做的一般，每一处细微的变化，都会让乐曲表达更加高昂。如果这样理解这个乐章，或许会建议不要反复第一个乐段，通过这种被允许的精简，让观众避免老是被重复的段落打断，以此能够更好地欣赏这部作品。

贝多芬将第 14 号作品与圆号奏鸣曲[1]题赠给了约瑟芬·冯·布劳恩夫人（Baronin Josephine Braun，1765—1838）——从 1798 年至 1805 年，布劳恩夫妇在贝多芬人生中登场，但这种交往并没有维持到最后。身为生意人与戏剧爱好者的布劳恩，也是维也纳河畔剧院[2]（Theater an der Wien）的经理，在 1802 年阻挠了贝多芬在维也纳河边新居中的一场义演，因此惹怒了这位作曲家。但即使如此，布劳恩对贝多芬依旧表示善意。两年后，他对贝多芬唯一一部歌剧《费德里奥》首演的筹备给予大力支持，而在当时这部作品还叫作"莱奥诺拉"（Léonore）。

钢琴与管乐五重奏（Op. 16）

这部降 E 大调五重奏作品，诞生于那次从维也纳出发的、伟大的音乐会之旅。在布拉格，贝多芬完成了初稿的创作，并在继续前往德累斯顿、莱比锡、柏林的途中进一步完善了这部作品。这部乐曲是贝多芬为一位不知其名的"委托人"而作，他将这部"五重奏"作为"不足挂齿的礼物"送给了这个人。

对于这部当然并非是"无足挂齿"的作品，显而易见，莫扎特的钢琴与管乐五重奏（KV 452）是其范本。早在 19 世纪，两者之间的相似性已经被乐评家们注意到，在这部作品中已经可以听出贝多芬式音乐的璀璨，也正因此，贝多芬很快就蜚声世

1　即贝多芬 F 大调圆号奏鸣曲（Op. 17）。
2　也译作"维也纳剧院""维也纳河剧院""维恩河畔剧院"。

界。在一次维也纳的停留中，奥古斯特·冯·科策布（August von Kotzebue）[1] 有机会听到这部作品，柏林报纸《坦率者》（Freimüthige）刊登了他的评论："全新的一部贝多芬五重奏，超凡、庄重，富有深刻的思想和特质，只是有时会过于华丽……这是从谱曲手法来说。"

显然对于那个时代的人来说，这部第 16 号乐曲与同类作品一样是一部"钢琴乐曲"，这与小提琴奏鸣曲、大提琴奏鸣曲和钢琴三重奏情况类似。就如同在这部作品中，虽然除了钢琴演奏者外，还有四位管乐表演者 [2] 一起演出，但他们被归为"伴奏功能"。正如同时期史料所指一样，钢琴演奏者被放在了第一位。"为钢琴 [3] 与四个管乐器（伴奏）所作的五重奏，路德维希·范·贝多芬先生作曲、演奏"，一份学院的节目单这样写道。那是一次由贝多芬与伊格纳茨·舒潘齐格在"伊格纳茨·雅恩"（Ignaz Jahn）餐厅的"宫廷主厨"（"Hoftraiteur"）厅中举行的演出。对于到维也纳的游览者来说，这里很值得顺路一看：如果你身处豪恩斯坦巷（Rauhensteingasse）那块纪念石前的话，它所指示的建筑正是莫扎特去世的地方。在这儿只需向左侧看，就能看到福豪恩胡博咖啡厅（Café Frauenhube）的入口。这个地方在贝多芬时代就存在了，它的创立者是玛丽娅·特蕾西娅女皇的宫廷厨师，当时，在这里的一楼会定期举办音乐聚会。在那个时代，城市中还没有音乐厅，雅恩沙龙的演出为那些最早的到访者们提供了相较

---

1   1761—1819，德国剧作家、歌剧脚本作家、作家。
2   即双簧管、单簧管、圆号和大管。
3   即古钢琴。

而言更为公众化的音乐生活，贵族们一直是最重要的来客。在这个"宫廷主厨"厅中，出身宫廷贵族的舒潘齐格与伟大先驱者贝多芬，将音乐之旅的缰绳握在手中。

同样是在这里——莫扎特完成了他人生最后一次公开登台，即那次降 B 大调第二十七钢琴协奏曲（KV 595）的演出。1797 年 4 月 6 日举行的这次五重奏演出，让贝多芬在维也纳行家间声名鹊起。一年之后，也就是 1798 年的 4 月，他又再次表演了这部作品，但那一次他面对的是更多的听众，演出地点是在圣米歇尔广场（Michaelerplatz）的霍夫堡大剧院（Hofburgtheater）。

关于此次演出的结果，我们能通过一些评论进行了解，当时批评家这样写道："范·贝多芬先生的钢琴演奏，因其想象力而极为出色。"这只能意味着，作曲家即兴演奏的钢琴部分必须有所改变。

但当时究竟是怎样的情形，费迪南德·里斯对这部作品的另外一次演出有所记录，那是 1804 年 12 月在洛布科维茨亲王（Fürst Lobkowitz）的私人音乐会上，双簧管演奏家弗里德里希·兰姆（Friedrich Ramm）也参与了演出。

在那个夜晚，贝多芬弹奏了他的钢琴与管乐五重奏，著名的慕尼黑双簧管演奏家兰姆在五重奏中作为贝多芬的伴奏同样进行了表演。在最后的"快板"部分，有时候，当主题再次开始前都会有一段停顿，此时贝多芬会开始一段即兴演奏，并采用回旋曲式为即兴主题一直弹奏，而其他部分，如伴奏乐曲在很长一段时间中却必须等待。这令人不快，兰姆先生同样深感不悦。一切看起来让人忍俊不禁，那些先生们时时都在等待，看什么时候能够再次开始，他们时刻都拿着乐器做好吹奏的准备，然后又安静地将其放下。陶醉的贝多芬无止境地弹奏着回旋曲，在场的人都兴高采烈。

当然，"万事皆有前提，因人而异"（"Quod licet Jovi, non licet bovi"[1]），若今日还有人想像贝多芬这样做的话，定然会受到指责。车尔尼就记载了这部五重奏在1812年的一次演出，当时他弹奏钢琴部分："我曾经在舒潘齐格的音乐中演奏这部由管乐伴奏的五重奏，年少不经意间我做了这样的变动——比如将乐段复杂化、使用了更高的八度——当时贝多芬严厉地批评了我，即使舒潘齐格就在他左侧，右侧则是其他的伴奏者。"但第二天，贝多芬就向他的学生表达了歉意，他写道："话在心里不禁脱口而出，请您务必原谅一位作者，他更希望听到自己的作品如他所写那般被演奏，但您的演绎同样十分精彩。"

这些贝多芬留言簿中的话语被留存至今日，虽然贝多芬无法改变当时对即兴演奏的审美偏好，但他反对一切多余的炫技内容。

第一？或第二？

C大调第一钢琴协奏曲（Op. 15）与降B大调第二钢琴协奏曲（Op. 19）

当钢琴演奏者与管弦乐团合奏时，原则上会遇到力度变化的

---

1 拉丁语格言，出处现已不可考，常传始于罗马共和国时期剧作家泰伦提乌斯（Publius Terentius Afer）的戏剧。

降 B 大调第二钢琴协奏曲的早期手稿

问题。这也是许多钢琴演奏者独奏时会忽略的一点，在合奏中表现得尤为明显：应该注意"强"与"很强"之间的差异。钢琴演奏者们往往一看到"强"这个力度记号，就开始猛烈地敲击琴键。指挥家们也不外乎如此——即使是我所知的一些大指挥家，也并没有努力去区分上述差异。于是，"强"这个力度被处理得极用力，通常来说太响了……

此外，是如何协调节奏的问题。在第一至第三协奏曲中，它们的初始乐章里常常会出现"有活力的快板"这个音乐表情。指挥家们一开始往往处理得过慢。然而，只需稍稍"回想"一下钢琴的进入，就能自然而然找到正确的节奏，因为那恰好也使用了"有活力的快板"。

至于那些缓慢乐章，往往节奏又被处理得过慢了。在此，我们有必要参照卡尔·车尔尼的做法，他总是在加快节奏——甚至是在使用"柔板"和"行板"的乐章中。在第一钢琴协奏曲中，"广板"（largo）出现在中间乐章，但都是二二拍，就是说应该弹两下，而不是四下，这是这种节奏的关键。只要我们想着演奏两下，就能找到更为流畅的节奏。

在贝多芬的钢琴协奏曲中，尤其是在中间乐章（Mittelsatz），我们都能发现钢琴与管乐间辉煌的对话——贝多芬情有独钟的单簧管表现得尤为突出。第 15 号作品的中间乐章，几乎是半部单簧管协奏曲。

类似的对话也发生在管乐之间，我们能从莫扎特的作品中清晰地认识这一点！评论家们则一再指出，降 B 大调协奏曲——它是贝多芬出版的第二部协奏曲，即以第 19 号作品问世的协奏曲——与莫扎特的作品之间存在明显的相似性。

或许情况正是如此，但在这部协奏曲中，所呈现的是贝多芬独一无二的魅力：第二乐章的尾声展现出令人心醉神迷的诗意。为了掌握这些乐段，钢琴演奏者们必须经年累月去研究音色的差异——并利用每一个机会感受触键。

尽管我们将降 B 大调协奏曲称为第二号钢琴协奏曲，但它其实是最初发表的两部钢琴协奏曲中更早的那一个，它标志着一段极为复杂的创作编年史的终点。从时间顺序上来看，以第 19 号作品为编号的协奏曲，应该是这个创作系列中的第二部作品。但早在 1784 年，13 岁的贝多芬就以降 E 大调谱写了他真正意义上的第一协奏曲（WoO 4）。

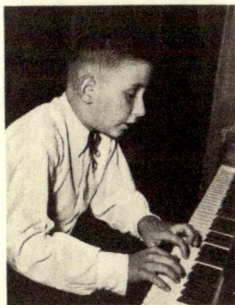

1957 年 12 月 6 日，在一场名为"学院最年轻的音乐演奏者"（"Die Jüngsten der Akademie musizieren"）的音乐会上，我首次登台，在莫扎特厅献演贝多芬 C 大调第一钢琴协奏曲

　　两年后，贝多芬完成了第二钢琴协奏曲的初稿。在此期间，他还创作了一部双簧管协奏曲和一部 C 大调小提琴协奏曲。这部小提琴协奏曲第一乐章的残稿仍留存于世（WoO 5）。

　　在波恩，贝多芬完成了降 B 大调钢琴协奏曲的雏形，并将其搬上舞台。我们无法知晓这部作品最初的样子。但可以确定的是，当贝多芬第二次前往维也纳（并最终在那里定居）时，他带上了这部作品的曲谱。并且，当贝多芬在维也纳首度登台时，他演奏了全新版本的降 B 大调协奏曲。贝多芬删去了其中回旋曲的终乐章部分（WoO 6）[1]，并将其改写成我们今日所见这般。尽管

1　即降 E 大调为钢琴及管弦乐团所作的回旋曲。

几经修改调整，但直至交付出版之时，贝多芬仍对这部第 19 号作品不够满意。他在给霍夫迈斯特的信中写道："我并没有竭尽所能。"

不同于 C 大调协奏曲——它具有"独树一帜的"编排——事实上，贝多芬试图在降 B 大调协奏曲中追随莫扎特的脚步。人们注意到那些强有力的装饰音，例如在第一乐章的开始：虽然在最早的已知版本中——在钢琴独奏开始前，两个主题都勉强由管弦乐来演绎，但贝多芬在最终版中改写了这一样式，他删去了管弦乐队"引子"中的副部主题部分，改为由独奏钢琴与管弦乐队共同演绎。在第 15 号与第 19 号作品交付印刷时，贝多芬已经开始创作后来以第 37 号作品为编号的 c 小调协奏曲，这到达了他创作生涯的另一高度。或许正是在这种情况下，即使经过大刀阔斧的修改，贝多芬仍对那部被冠以"第二"头衔的作品不满意——当然，我们对这部降 B 大调协奏曲喜爱有加，在贝多芬的五首钢琴协奏曲集中，人们可不想错过这一首。

1795 年 3 月 29 日，城堡剧院（Burgtheater），贝多芬举行了他在维也纳的首场大型公开音乐会，他很可能在音乐会上演奏了这部 C 大调协奏曲。评论家们至今仍在猜测，当时贝多芬所演奏的究竟是他的第一钢琴协奏曲，还是他的第 19 号作品，即降 B 大调第二钢琴协奏曲。

一如既往，同莫扎特一样，贝多芬也面临巨大的时间压力——"音乐家协会之夜"（"Wiener Tonkünstlersocietät"）是他在维也纳举办的首场大型音乐会，届时他将与管弦乐团合奏。首演前夜，他才刚刚完成这部协奏曲的终乐章！据好友弗朗茨·吉尔

贝多芬为 C 大调协奏曲创作的三版华彩乐段，这是第一个版本，曲谱中断于此，
我将它与另外两版的片段结合在一起，形成一个新的统一体

哈德·韦格勒说，贝多芬忍着剧烈的胃痛谱曲（"他深受胃痛折磨"）。抄写员们在前厅等候，韦格勒把乐谱"一张张"递给他们，当抄写员们誊写管弦段落时，纸上墨迹未干。乐谱并不包含钢琴部分，第二天贝多芬会在演出中亲自演奏，因此并不必将其写下。据说，在整场演出中他都在即兴演奏。我们知道，莫扎特曾以类似的方式演奏小提琴奏鸣曲（KV 454）中的钢琴段落——在卡恩特纳托尔剧院，他在皇帝约瑟夫二世面前完全凭记忆演奏，但事先却为他的搭档斯特利纳萨奇夫人（Regina Strinasacchi）精心写下了她的独奏部分……

借由韦格勒的记述，关于贝多芬在 1795 年 3 月首演上的"自毁"行径流传甚广，但我们却无法由此得知，当时他演奏的到底是其中哪一部协奏曲（是第 15 号还是第 19 号作品）。贝多芬的传记作家亚历山大·塞耶认为，当时，C 大调协奏曲的创作尚未完成，尽管在波恩时贝多芬已经完成了降 B 大调协奏曲的雏形，但他在维也纳又为这部作品谱写了全新的终乐章——这很可能发生在一夜之间。但他并没有扔掉最早一版中的回旋曲终章，而是将它保存了下来。贝多芬去世两年后，车尔尼出版了它——很明显，这部作品（指回旋曲终章）参照了莫扎特的协奏曲，也许正因如此，贝多芬才将它从降 B 大调协奏曲中拿了出来。

这个观点甚至支持了前文提到的猜测，即 1795 年 3 月 29 日上演的是降 B 大调协奏曲。或许，直到最后一刻这位大师才决定，不要总是被人拿来与偶像做比较——而那时距莫扎特离世不过四年。作为自由作曲家，莫扎特也是凭借他的钢琴协奏曲赢得了最初的声誉。

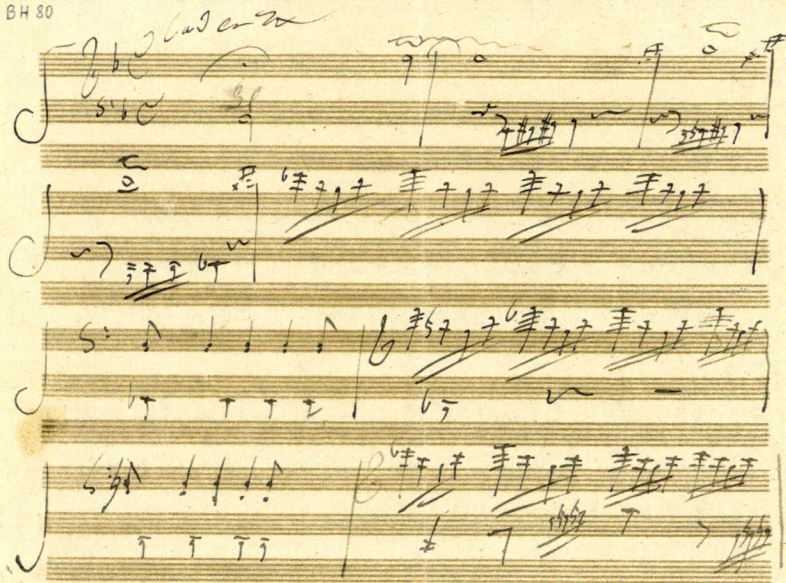

一位大师对另一位大师的"点评":当然,那个年代的表演者们还是会即兴创作
自己的华彩乐段。此处,贝多芬为莫扎特的 d 小调第二十钢琴协奏曲(KV 466)
创作了自己的华彩乐段,这也是向未来钢琴家们发出的新挑战

两天后，贝多芬再次向这位英年早逝的天才致敬——那仍然是在城堡剧院，莫扎特的遗孀康斯坦策·莫扎特（Constanze Mozart）举办了音乐会版《狄托的仁慈》（"La clemenza di Tito"）的演出——这是她丈夫生前的最后一部歌剧。按照当时的惯例，这位来自波恩的年轻人会在幕间休息时即兴演奏，为观众们助兴，前一天晚上在同一个大厅里，他已经这么做了。在贵族沙龙里，他的艺术狂想曾收获行家听众们的广泛赞誉，而在这里，它第一次通过了烈火般的考验：贝多芬成功点燃了观众们的激情！ 1795 年 3 月下旬，一个崭新的时代以阔步向前的方式来临，但那时，人们尚未意识到这一点……

另一则关于第 15 号作品的轶闻：有一次，因为钢琴被调得太低，为了配合管弦乐贝多芬用降 D 大调演奏了钢琴的独奏部分。（据说在勃拉姆斯身上也发生过类似的意外。）

第 1 号钢琴协奏曲华彩乐段

在所有要演奏第一至第四钢琴协奏曲的音乐会上——都会预留华彩乐段的位置——贝多芬会即兴演奏这些乐段，在当时这是一种普遍的情况。只有在出资方和出版商的催促下，他才会写下某些华彩乐段。在一封 1808 年写就的信中，作曲家拿一位名叫约翰·巴普蒂斯特·施泰纳·冯·费尔斯堡（Johann Baptist Steiner von Felsburg）的钢琴家打趣，在贝多芬看来，这位钢琴家毫无才华可言。费尔斯堡被选中在"情人音乐会"上演奏 C 大调协奏曲的钢琴独奏部分。"情人"一词译自意大利语"Dilettante"，这个词在今日具有下流的意味，但在贝多芬的时代，只有某些一流的音乐家才被称作"Dilettante"。更不必说在 1800 年，这个词被用来形容那些具有艺术家气质的贵族们。贝多芬认为费尔斯堡并不在其列，在给迪特里希施泰因伯爵（Graf Dietrichstein）的信中他评论道：

> 注意，可能还没弹到华彩乐段，他（费尔斯堡）就先倒下了……我对费尔斯堡说，建议他明天别去演奏——他会搞得一团糟。顺便，等到他能把协奏曲弹得更好，再让他去吧。

我们由此得知，当时贝多芬很可能创作了华彩乐段，毕竟我们没有理由认为，那位明显被高估了的钢琴家（指费尔斯堡）自己也在白日做梦。

贝多芬为 C 大调钢琴协奏曲谱写的三版华彩乐段流传至今。第一个版本也是最有趣的一个版本，但却并不完整，它在 60 小节后戛然而止；第二个版本篇幅很短，因此，大多数钢琴演奏家选择的都是较长、保留较为完整的第三个版本，但我却一直痴迷于第一版本。1827 年，当出版商托比亚斯·哈斯林格（Tobias Haslinger）[1] 在贝多芬的遗产拍卖会上将其拍下时，它已残缺不全。因此我想了个解决的办法：在演奏这版残缺的华彩乐段时，从第三个较长、被经常演奏的版本中抽出四小节作为过渡，再衔接第二个较短版本中的最后几小节。

1　1787—1842，奥地利音乐出版商、作曲家。

即兴演奏与
精确的狂热

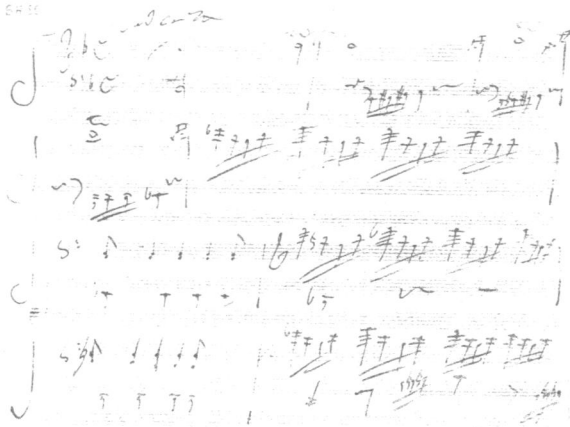

贝多芬与他的出版商

对于同一时代的出版商而言，与贝多芬合作一定有诸多挑战。我们从有关贝多芬降 B 大调第二钢琴协奏曲独奏部分的信件中就可以看出，贝多芬非常清楚他的手稿对于一个乐谱刻印者来说有多困难："……根据个人习惯，我不会将钢琴部分写入协奏曲总谱。尽管笔迹潦草，现在我将这部分谱子记录下来提供给他们。"人们只需看一眼贝多芬的手稿就能理解，这对一个印刷工人而言意味着什么。有趣的是，就如莫扎特有时候一样，贝多芬也完全没有将协奏曲中的钢琴谱写入总谱。手稿中只记录了管弦乐谱。因为一直以来，这位大师都会亲自演奏自己的作品，因此无须记下自己的部分——这种情况直至他逐渐丧失听力而有所改变。当然在出版交印时，这些部分仍需补充。

由于贝多芬的字迹极为潦草，难以辨读。后来，在时间充裕的时候，他通常会让学生或助手（用工整的字体）抄写原稿，并将由他修改的抄本交付出版社，以此为样制版印刷。

此后，他会收到出版社寄给他的校样，并对其做出修改。在这次最终的修改过程中，贝多芬经常执着于对细节的修正，从中也能看出，贝多芬极力避免在第一版印刷中出现错误。我们之后还会经常回到这个话题，因为这涉及人们能从原稿或首版作品中读到哪些内容，以及那时的出版商在面对这些重要原始资料时通常有哪些自由度。

显而易见，贝多芬对自己出版作品编辑的严苛谨慎，这同时是为了后世之人。他并不寄希望于那些一流音乐家来购买这些出版物，因为对他们而言，适用的是贝多芬曾经针对印刷错误所发表的观点：风格明确的人不需要关心乐谱上的每一个音符。提到急板，即以极快速度弹奏的段落，在这种速度下演奏者不可能真正读谱，贝多芬认为："这是完全没必要的。当你快速阅读时，可能遇到许多印刷错误。但如果你熟悉这种语言的话，你不会看见或者注意到它们……"

贝多芬的工作方式

看过贝多芬手稿的人对其印象都是杂乱无章——是的，混乱。但如果仔细观察的话，你能从各个手稿中非常清楚地了解到贝多芬想要的是什么。他虽然看上去和同时代人描述的一般粗糙、无礼、不修边幅，内心却深受秩序意识的支配，否则我们眼前的贝多芬的作品，不会始终包含着这种理智的坚定。

这位作曲家的日常工作也是如此，虽然许多同时代的人——有些人甚至愤慨地——称贝多芬生活邋遢，但当他思考音乐的时候，又极其精确。然而，那些他匆匆写下的草稿，也只有他自己能够辨认。我们不能总是相信辛德勒，但在这件事情上他也许不会撒谎。他曾讲述过贝多芬的一天是如何度过的：他在破晓时分起床，这也意味着在夏天时会非常早，然后立即开始与音乐相关的各种工作。当天气好时，他会在散步时随身携带纸笔，继续他的工作。有时，他甚至会忘却身处的环境，全然沉浸在自己美妙的世界中，高歌、指挥、轻声哼唱。直至下午两三点，他才坐在餐桌边用午餐。下午他会再次出门散步——这一次时间非常长，步伐也很快——据另一位同时代的人所说，贝多芬经常会在这时绕着维也纳城走上数圈。无论天气如何都是如此，哪怕狂风大雪！

傍晚时分，人们能在酒馆发现这位正在读国际报纸的大师，日落之后，他便不再写谱了。他的眼睛在早年间受到了严重的伤害，除非紧要时刻必须赶完总谱，他不会破例。

晚上10点，贝多芬的一天结束了。

"音乐伯爵"

大提琴演奏家尼古劳斯·齐默斯卡·冯·多马诺维奇（Nikolaus Zmeskall von Domanovecz）同样是贝多芬人生重要的见证者之一。后来他在维也纳音乐之友协会（Die Gesellschaft der Musikfreunde in Wien）留下了自己未发表的作品，其中包含三部弦乐四重奏。在音乐收藏家、贝多芬的好友利奥波德·冯·颂尼特纳（Leopold von Sonnleithner）眼中，这三部作品让其作曲者可居于"仅次一流大师的荣耀之位，相比较一些我们出于各种因素必须听的新作品，它们更值得被聆听"。

比贝多芬年长十岁的齐默斯卡，常在里希诺夫斯基亲王的社交晚会上与贝多芬相遇。多年来，两人结下了深厚的友谊，几乎没有关于两人产生争执的证据。相反，两人用于交流的小纸条与书信却不胜枚举，许多类似的内容都记录着他们之间的频繁往来，典型的书信风格是这样的。

我亲切而有魅力的伯爵！请告诉我，今晚5点是否能与您交

维也纳匈牙利宫廷办公厅官员、卓越的大提琴演奏家尼古劳斯·齐默斯卡·冯·多马诺维奇伯爵的剪影。贝多芬喜欢将他这位朋友称为"音乐伯爵"。有时贝多芬会请对方帮忙提供羽毛笔或给予经济上的帮助，也会在对方家中排练弦乐四重奏。后来，贝多芬把第95号作品，即第十一号弦乐四重奏题赠给这位伯爵。

谈，因为这对您的朋友贝多芬来说非常重要。

另一封信件则充分体现了他们独特的语言幽默：

无比尊贵的齐默斯卡先生，恳请尊驾确定明日可以与您进行交谈的场所，我们无比忠诚于您——贝多芬。

据推测，贝多芬的许多作品都是用齐默斯卡为他削制成的羽毛笔书写而成。由于贝多芬本人不擅长羽毛笔制作，因此他需不

奥古斯特·布罗克曼（August Brockmann，1827—1890）绘制的"贝多芬与拉苏莫夫斯基四重奏"（Beethoven und das Rasumowsky'sche Quartett）——幅展示贵族音乐文化的理想化画作。实际上，维也纳上流社会的宫殿的确是贝多芬的工作场所，也是城市的音乐舞台，我们所熟知的音乐厅在当时还并不存在

断从朋友处寻求补给。

最棒的音乐伯爵！请您给我寄一支或一些羽毛笔，因为我缺的太多了。——一旦知晓哪里有质量很好的羽毛笔，我会去购买的——我希望今天能够在施瓦纳酒馆（Schwanen）见到您。保重，最忠实的音乐伯爵。

齐默斯卡位于维也纳市民福利院（Bürgerspital）区的家中经常会举办"晨间音乐会"，贝多芬的许多室内音乐作品都在这里与众多音乐行家初次见面！

在贝多芬离世后最初的几代人中，安东·辛德勒成为了这位大师最重要的传记作者。他确实一度与贝多芬保持着密切的关系，但研究结果使人们越来越怀疑两人之间是否真如辛德勒所言那般存在过真正的友谊。辛德勒称，他们的友谊从1814年持续到了贝多芬过世。但据证实，辛德勒在1822年，也就是贝多芬完成最后一部钢琴奏鸣曲以后，才进入他的圈子。在贝多芬生命的最后两年中，辛德勒实际上成为了他的无薪秘书。因此，他也得到了贝多芬珍贵的对话录。在贝多芬完全失聪后，来访者必须将问题书写下来，以便向他提问。

同时，辛德勒也被证实为故事伪造者。他在这本对话录中伪造或肆意添加过许多内容。

波恩的后来者

从1800年到1801年，贝多芬与一些他年少时的波恩旧友重逢。斯特凡·冯·勃罗宁（Stephan von Breuning）以及两位曾经的宫廷教堂成员安东·雷哈（Anton Reicha）、费迪南德·里斯迁居到维也纳——对后世而言，他们都是重要的见证者，因为他们用文字记录下了一些有关贝多芬生活及性格的细节。

1801年，作为我们最重要的同时代见证人之一的里斯前往维也纳。与贝多芬一样，费迪南德也出生于波恩，在那里，贝多芬跟随他的父亲弗朗茨·里斯学习小提琴。在维也纳与恩师之子的重逢令贝多芬非常高兴。自1801年起，费迪南德就定居维也

勃罗宁家的茶室

纳。1838 年，他与另一位在贝多芬人生之路上不断相遇的波恩好友弗朗茨·韦格勒共同出版了《贝多芬生平资料》(*Biographische Notizen*)[1]，这本可靠的回忆录记载了他与贝多芬的种种过往。1987 年该书再版，为我们理解贝多芬其人提供了或许算是最重要的资料来源。1802 年，韦格勒医生与埃莱奥诺雷·冯·勃罗宁成婚，进入了这个对贝多芬极为重要的家族，他不仅仅是一位对贝多芬健康问题负责的联系人。从下面这封信的丰富内容中，我们可以看到一位久经折磨，但同时又坠入爱河的人——贝多芬经常那样，而他有时甚至会深感幸福。同样这封信也证明了，长久以来一直折磨这位作曲家的，都是相同的一些疾病。从 18 世纪 90 年代末以来，贝多芬耳聋的问题不断加重，虽然顺势疗法无法对其根治，但至少能些许缓解耳鸣带来的折磨，不过，这却导致他下腹疼痛。从 1800 年开始，这些疾病就与支气管炎、风湿一起跟

1　该书德语全名为 *Biographische Notizen über Ludwig van Beethoven*。

随了贝多芬许多年。

维也纳，1801 年 11 月 16 日。

我亲爱的韦格勒！由衷感谢你对我的细心关照，我不值得你如此相待。——你想知道我身体怎么样了，以及我需要什么。尽管我根本不愿谈及这一话题，但仍极为乐意与你聊一聊。

几个月来，韦林（Vering）医生一直在我的双臂涂发泡药。如你所知，这种药来自于某种特定的树皮。——这种疗法极不舒服。除疼痛外，在树皮充分泡开前，我总是有好几日不能自如地使用手臂。现在是真的，我不能否认，耳朵里的轰鸣声确实有了少许缓解，尤其是那最先发病的左耳，但我的听力肯定没有得到改善。我不确定，情况是不是反而恶化了。——我腹部的问题有了一些好转，尤其是当我泡了几天热水澡，此后的八到十天就会舒服很多；我现在极少服用强效胃药，并开始依照你的建议在腹部敷草药。——韦林医生并不想知道关于沐浴的事；总的来说，我对他非常不满意；他对这种疾病太不细心周到了；去他那儿很费事，但倘若我不去，我便见不到他。——你觉得施密特（Schmidt）医生怎么样呢？虽然我不乐意更换医生，但对于我来说，韦林医生太过关注实践了，不愿意从书本上获取新的知识。——我觉得，施密特医生与他完全不同，也许也不会这么大意。——人们都在说直流电疗法有奇效，对此你怎么看？一位医生告诉我，他见到一个聋哑儿（在柏林）恢复了听觉，还有一个男人在失聪七年后也重获听力。——我刚听说你的施密特医生也在进行这方面的尝试。

我现在与人来往多一些了，日子也因此更舒适一些。你简直无法相信我这两年过的是怎样单调悲哀的生活；我的听力问题如同幽灵般无处不在。我逃离了人群，必须表现出不愿与人来往的样子，但事实上我并不是这样的人。——现在的变化是一位可爱、令人着迷的女孩带来的。她爱我，我也爱她。两年来，我又再次体验了一些快乐无比的时刻。而且，我第一次觉得婚姻能够带来幸福；只可惜，她和我来自不同阶层——现在——我无法结婚；我还得好好努力一下。如果不是因为我的听力问题，我早已环游半个世界了，而且我必须这样做。——于我而言，没有什么能比继续从事并展示我的艺术更愉快的事了。——不要认为，我在你们那儿会幸福。有什么能使我快乐呢？即使是你们的细心照顾也会给我带来痛苦。因为每时每刻，我都能在你们的脸上读到同情，这只会让我感到更加痛苦。——在我那美丽祖国的各地，身处何处又对我有什么不同呢？除了对更好状态的期待以外，我别无所求；倘若没有这个病，这也已经实现了！噢！我想要摆脱病魔，拥抱世界！我的青春，是的，我感受得到它，它才刚刚开始；我不是一直久病缠身吗？但近来，我的体力和精神力量较之以往都大大提升了。每天，我都能更靠近我那感受得到的，却无法描述出来的目标。只有在这儿，你的贝多芬才能活着，没有一刻的休息！——我不知道除睡眠外的其他休息方式。因为疼痛，我必须花更多的时间在睡眠上。只要我病好了一半，我就会以更完美、更成熟的姿态来到你们面前，重燃我们旧日的友谊。你们应该看到我在世上快乐的样子，而不是不幸的。——不，我不能承受。我要扼住命运的喉咙，它休想使我屈服。——噢！能活上千百次是多么美好啊！——不，我不是为恬静的日子而生的，我能感受到。——你尽早给我回信吧。——你们担心，斯特凡（斯特凡·冯·勃罗宁）决定在某地加入条顿骑士团[1]（Deutsche Orden）。这里的生活对他来说太劳累了，不利于他的健康。继续这样的话，他的生活会非常孤独。我完全看不出，他要怎样继续下去。你也知道这里的情况；我不想说，社交活动可以缓解他的紧张，你不能说服他去任何地方。——前不久，我在家里组织了音乐活动，但是我们的朋友斯特凡缺席了。——建议他多休息，放轻松，我也是这么做的；如果不这样，他既不会快乐也不会健康。——在下一封来信中记得写上，如果我寄了太多自己的音乐给你要不要紧。当然，你可以把其中你不需要的那些卖掉——包括我的画像，这样一来你就有邮费了。向洛琴（Lorchen）——还有妈妈——还有克里斯多夫（Christoph）送上最美好亲切的问候。——你是有些爱我的，对吗？请相信我对你的爱和友谊。你的贝多芬。

不朽的爱人

在贝多芬早期的奏鸣曲中，许多地方都流露出他的爱，但这在他的书信来往中却极为少见。但是我们至少能从这些证据中了解他那些充满激情的恋爱关系——有些甚至发展到了计划结婚的地步。我们首先熟知的是这位作曲家对他那位贵族学生的喜爱。

1　也译为"德意志骑士团"，条顿骑士团成立于1190年第三次十字军东征期间，起初是一些德意志骑士建立的行善医护组织，后逐渐发展成一个宗教军事组织。

约瑟芬·布伦斯维克（Josephine Brunsvik，1779—1821）被认为也许是贝多芬那位"遥远的爱人"。这幅画可能出自画家老约翰·巴普蒂斯特·冯·兰皮（Johann Baptist von Lampi，1751—1830）之手，画中人为与贝多芬维持了多年朋友关系的伯爵夫人约瑟芬·戴姆·冯·史忒利泰兹（Josephine Gräfin Deym von Stritetz）

这份爱对贝多芬来说却是禁忌，即使女方也明显地回应了他。这一点，我们可以从特蕾莎·布伦斯维克的回忆录中看出。特蕾莎有时认为自己是贝多芬理想的欲望对象，但她也记录了贝多芬和她的妹妹约瑟芬（Josephine）间的互相倾慕。1799年，特蕾莎、约瑟芬两姐妹随着母亲一起，从匈牙利的家庭庄园来到维也纳体验大城市的生活——也许还带着在这里成婚的打算。当然，同时是为了来上钢琴课。

她们向当时已成为著名音乐大师的贝多芬询问教学事宜。贝多芬也很喜欢两姐妹，并且不只是因为她们的音乐天分。很多时候，布伦斯维克一家三口会和贝多芬一起，结伴在维也纳穿行——许多评论家都一致认为，约瑟芬可能是贝多芬"不朽的爱人"。但无论如何，他们维持着彼此间的友谊关系，即使约瑟芬给了贝多芬最沉重的打击：她与戴姆伯爵（Graf Deym）的订婚，或者说她被许配给戴姆伯爵。约瑟芬认识她的未婚夫时，对方还不姓戴姆。他当时姓穆勒，即约瑟夫·穆勒（Joseph Müller）。

这位约瑟夫·穆勒经营着一家蜡像馆——如今有一条街正是以他蜡像馆的所在地"红塔"（"Roten Turm"）而命名。与现在的杜莎夫人蜡像馆一样，人们可以在那儿欣赏来自世界各地的名人及珍品雕像。约瑟夫·穆勒也为莫扎特制作了死亡面具。

心胸宽广的皇帝约瑟夫二世宽恕了约瑟夫·穆勒的罪责：他之所以改姓穆勒，是因为他必须改变姓氏。早年间，当他还是戴姆伯爵的时候，由于参加了被禁止的击剑决斗而被迫逃亡，后来只能假以蜡像艺术家的身份化名归来。现在，他受到了皇帝的赦免，又可以重新用回"戴姆伯爵"这一头衔。同时他也握住了约瑟芬的手，这令布伦斯维克夫人欣喜万分。戴姆伯爵当时已经 47 岁了，在那个年代已是年迈，而正如姐姐特蕾莎在日记中吐露的一般，约瑟芬对此毫无欣喜，但她还是接受了这一切。

深埋心底的爱，或许有一日还会重燃烈火，但贝多芬仍旧保持着对意中人的友好和关心，现在甚至也包含了她的丈夫：贝多芬与戴姆伯爵一家关系密切。长期以来，他不仅愉快地去他们家做客，也在那儿演奏了许多他的新作，甚至为戴姆伯爵新奇的自动点唱机（Musikautomaten）谱曲。

在贝多芬一些伟大的作品中，约瑟芬听出了一段一直在被用新的方式隐藏的小旋律：原曲是《思念着你》（Ich denke dein）。年轻的约瑟芬太熟悉这首曲子了，是贝多芬将它献给了她们姐妹俩——他还将以此曲为主题的钢琴变奏曲题献给两人，并在约瑟芬蜜月旅行时送上了曲子的手稿！贝多芬还在自己刚刚完成的、充满忧郁的四重奏系列中引用了这段旋律。他凭借着六部作品，继承了海顿及莫扎特开启的维也纳古典音乐弦乐四重奏传统——虽然当时还不这么说：他发表了六首弦乐四重奏（Op. 18）——其中都反复体现了"思念着你"这个旋律；在这一系列作品的最后乐章中，都充满了这种"忧郁"，而这"忧郁"却持续扰乱了快板。在贝多芬第一部六首弦乐四重奏的结尾处，也蒙上了这种阴影。在第一个四重奏中，缓慢的乐章被卷入剧烈的运动之中，并最终以奇异的方式化为碎片。人们也可以称之为他生命的嗟叹。事实上，草稿上的这一处确实写着 "les derniers soupirs"，即

"最后的哀叹者"。据说，贝多芬曾向一个朋友透露，这是关于罗密欧与朱丽叶的故事；是贝多芬向同时代人诉说的，诸多莎士比亚联想之谜的其中之一。这是否是一种移情？也许叹息的不是罗密欧与朱丽叶，而是贝多芬与约瑟芬。至少他们在戴姆伯爵的沙龙时是这样的。另外，题献给洛布科维茨亲王的弦乐四重奏（Op. 18）同样在那里以非正式方式首次亮相。

后来，贝多芬在给伯爵夫人约瑟芬的信中写道："当我去找您时，我下定决心不让自己的内心产生一丝的爱意。"但爱情之花最终还是绽放了，也没有成为秘密。当戴姆伯爵1804年去世时，有证据表明他们两人间的亲近——约瑟芬与瑞士克里斯托弗·冯·斯塔克尔伯格男爵（Baron Christoph von Stackelberg）的第二段婚姻非常不幸。无数历史研究尝试证明或者否认，约瑟芬是贝多芬——当时认为是1812年——那写给"不朽的爱人"信件的接受者。值得一提的是，在戴姆伯爵去世以后不久，贝多芬创作了《致希望》（"An die Hoffnung", Op. 32）送给约瑟芬。

有证据表明，直至生命的最后几年，约瑟芬依旧与贝多芬保持着联系。1821年3月，约瑟芬去世。甚至有个别学者认为，降A大调第三十一钢琴奏鸣曲（Op. 110）或c小调第三十二钢琴奏鸣曲（Op. 111）中的其中之一，可能是贝多芬为约瑟芬创作的安魂曲。

然而，除了题献给约瑟芬与特蕾莎两人的以"思念着你"旋律为主题的变奏曲外，贝多芬没有给约瑟芬再题献任何作品。他将升F大调第二十四钢琴奏鸣曲（Op. 78）题献给了特蕾莎——并将《月光》奏鸣曲（Mondscheinsonate）题献给了约瑟芬的表妹裘莉塔（Giulietta）。而下一个令人困惑的故事，也即将开始。

听不见的音乐

如果你认为艺术家喜欢将自己的生活状态融入在艺术中，那么面对这个时期的贝多芬生平，则一定会感到困惑。当我们去听贝多芬于 1802 年创作的音乐，感受到的是轻松的旋律，正如在贝多芬 D 大调第二交响曲中表现出来的一样。但是在这个时期，贝多芬却身处绝望之中。众多迹象表明，那时他的听力障碍十分严重。对于贝多芬来说这只能意味着：他将会失去听力。在维也纳郊外的避暑胜地海利根施塔特，贝多芬写下了这份留给兄弟们的遗嘱———一份令人动容的历史文件。

海利根施塔特遗嘱 [1]

写于普罗布斯大街 6 号（Probusgasse 6）（今日的贝多芬纪念馆 [Gedenkstätte [2]]）

给我的兄弟卡尔□贝多芬。

啊！人们啊！你们把我看作或将我称作是一个满怀敌意、固执又厌世的人，这对我何其不公。你们并不了解这些表象下深藏的因由。自幼我就有柔软的内心与善良的心肠，也想成就一

---

1 也译作"圣城遗嘱"。
2 即贝多芬博物馆。

番伟业。但是，请你们想想，这六年来，我身患疾病，陷入绝望。那些愚蠢的医生加重了我的病情。年复一年，我抱着病情能够好转的希望，却只受到了欺骗。最终，我被迫意识到，这是一种长期的疾病（也许经过许多年才能治好，甚至也许无法完全治愈）。我生来性格如火，活泼热情，喜好社交，却被迫早早离群索居。有时候，我也想对这一切置之不理，然而，糟糕的听力让我承受加倍的悲伤，并将我狠狠地推回现实。毕竟，我不能对人们说："说大声点，喊出来吧，因为我是个聋子。"我怎么能承认我的感官有缺陷呢？我的感官理应比其他任何人的都更完美，它确实曾经也是最完美的，完美程度在我过去，及现在的同行中都十分少见——噢！我做不到！如果你们见到我，在本应与你们相聚的场合转身离去的话，请原谅我。这不幸使我备受煎熬，因为我必然会遭受误解。对于我而言，我无法通过参加社交聚会放松身心，不能与人进行有趣的谈话或互诉衷肠。几乎只有在迫不得已的情况下，我才会去交际，我只能如放逐者般那样生活。一旦靠近人群，我心中总会涌起强烈的恐惧，担心旁人发现我的真实状况——我在乡下度过的这半年时光也是如此。我那高明的医生要求我尽可能地保护听力。他的建议几乎迎合了我现在的心意。尽管有时候，我也会禁不住内心诱惑的驱使，冲动地想与别人交谈，但倘若，我身边之人听到了远处的笛声，而我却听不到；抑或是他们耳边响起了牧民的歌声，而我仍一无所闻，这是何等的屈辱。这一切使我濒临绝望，我甚至差一点就结束了自己的生命——但是，是艺术啊，是它挽留了我。在未能完成所有我能感受到的使命前，我不会离开这个世界。因此，我苟且地继续着这悲惨的生活——这确实悲惨，我的身体如此羸弱，任何突如其来的变化，都能让我从健康的状态跌入谷底。忍耐——他们如是说，我必须依靠耐心将自己指引，而我也的确在这么做——但愿我能将这决心坚持到底，直至无情的命运之神，将我的生命之索割断。也许这样会好一点吧，也许并不会，但我仍将泰然处之——才28岁，我已经被迫成为一位哲学家了，这对一个艺术家来说并不容易，相较于其他人则更为困难——神明！请低头、请看看我的内心，你知道的，你明白的，那里装着的是对人的热爱，是对善良的追求。啊！人们啊！假若某天你们读到这些文字，请你们想一想，你们对我曾何其不公。而那些不幸的人们，倘若能看到有一个与他们同病相怜的人，不顾自然的重重阻拦、竭尽全力想成为一位杰出的艺术家和伟大的人时，希望他们能得到略许慰藉——你们，卡尔和□，我的兄弟们，在我死后，若施密特医生仍健在的话，请以我的名义求他写下我的病情，并将这封信与我的病史放在一起，至少在我死后，让这个世界尽可能与我和解——同时，我宣布你们二人为我微薄财富（如果它们能称之为财产的话）的继承人，你们要公平分配，互相包容，彼此帮助。对于过去你们曾给我的伤害，如你们所知，我早已原谅。我的兄弟卡尔，由衷感谢你近来对我表示的亲近，希望你们都能比我幸福，生活少些忧虑。你们要教导孩子重视品德，只有它能使人幸福，而并非是金钱。这也是我自己的经验之谈。在痛苦中，是道德支撑住我。因为道德和艺术，我才没有以自戕告别世界——永别了！望你们相爱——感谢我所有的朋友，尤其是里希诺夫斯基亲王和施密特医生——希望你们其中一人，能够好好保管里希诺夫斯基亲王赠予我的乐器，但请不要因此发生争执。如果它们对你们还有些用的话，尽管卖了它们吧。如果我躺在坟墓中还能帮助到你们，我会非常快乐——若真能如此的话——我将愉快地迎接死亡——假若在我有机会展示所有的艺术才能前，死神已经降临，那即便我一生悲苦，也仍觉一切尚早，希望他晚些到来——但倘若他真的早早来到，我仍会感到满足，因为，这不是将我从无尽的苦痛中解救出来了吗？——死神啊，来吧，如你所愿！我将毫无畏惧，迎接你的到来——永别了！在我死后，请不要将我彻底忘记。我值得你们铭记于心，因为在生前，我也常常记挂着你们，想你们幸福。愿你们幸福！

海利根施塔特

1802 年 10 月 6 日

路德维希·范·贝多芬

（印章）

给我的兄弟卡尔和□

在我死后拆阅并执行——

海利根施塔特，1802 年 10 月 10 日。就这样，我与你告别——虽然万分伤感——是的，我的希望——在一定程度上治愈了我——又将我完全抛弃，就如那秋叶，凋零枯萎——我的希望也枯萎了，如我来时那般——我要离开了——即使是那巨大的勇气——那夏日中经常鼓舞我的勇气——它，也消失了——命运之神啊！——请赐予我一天纯粹的快乐吧——我已经很久未能体会到那种发自内心的、真正的快乐了——哦！什么时候——神明啊！——我可以再次在自然与人类的庙堂之中感受到它——永远不？不——这太残忍了！

Musik und Geschäft

音乐与职业

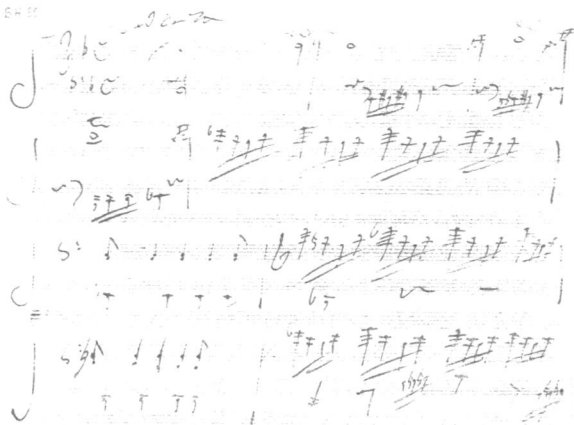

"非 900 古尔登不可"

1800 年后，贝多芬的出版情况大为好转。长久以来出版社之间一直存在竞争，大家都想更快地获得贝多芬新稿的版权。一段时间里，卡尔·范·贝多芬（Karl van Beethoven）承担了哥哥的"秘书"一职。如果他在 1802 年 11 月向奥芬巴赫（Offenbach）的出版商约翰·安德烈（Johann André）出售了三首奏鸣曲，那只可能是贝多芬的第 31 号作品[1]，但这部作品本应被交予另一个出版商汉斯·格奥尔格·内格利（Hans Georg Nägeli）。主职是"皇室出纳官员"的卡尔，发现了眼下一个新的挣钱机会。从这封信中可以清楚地看到，他对自己哥哥新作的估价有多高，并对器乐作曲的工作有多轻视。

目前，我们……只有一部交响乐和一部大型钢琴协奏曲。第一部作品的价格是 300 弗罗林，第二部作品也是同样的价格。如果您想要三首钢琴奏鸣曲的话，没有 900 弗罗林，我是不会卖给您的，并且您必须使用维也纳的货币支付。此外，您也不能一次性得到所有曲子，而是每隔 5 到 6 周一首，因为我哥哥现在已经不怎么把精力放在这些小作品上了，他只写清唱剧、歌剧……

此外，每一部作品我们都需获得八份样本，这可能会让您心

1　即贝多芬 G 大调第十六钢琴奏鸣曲、d 小调第十七钢琴奏鸣曲（《暴风雨》奏鸣曲）和降 E 大调第十八钢琴奏鸣曲。

威利布罗德·约瑟夫·梅勒（Willibrord
Joseph Mähler）笔下的贝多芬，1804
年绘

疼。但无论如何，请您告诉我是否喜欢这些作品，否则将耽搁我
将其出售给其他人。

　　有趣的是，在这封修辞夸张的信中卡尔索要了八份样本，而
在他1805年写给尼古劳斯·西姆罗克，即《克莱采》奏鸣曲
（Kreutersonate）出版商的信中要求："我们从每一个出版商处都要
获得六份样本。"

　　要求八份样本，这在1802年来说确实太多了。并且，卡尔
宣称贝多芬接下来只创作"清唱剧和歌剧"，这也有些言过其实。
其背后的设想是，贝多芬将会在维也纳河畔剧院停留更长时间。

1803 年，贝多芬迁居于剧院内两年前完工的居住区。

我们必须设想一下那间在维也纳河畔剧院内的房间，它位于今日维恩采勒大街（Wienzeile）进入剧院的位置。原本的剧院被拆除了一部分，现在带衣帽间的门厅曾是剧院侧楼，窗户朝向维也纳河。当时，这条大河还完全无所拘束地流向卡尔广场（Karlplatz）……

当《魔笛》取得了巨大成功后，埃马努埃尔·席卡内德请人修建了接替维登剧院的维也纳河畔剧院。仅用约一年半时间，建筑师弗朗茨·耶格尔（Franz Jäger）就完成了新剧院的修建。在短期的财务分歧后，席卡内德又重新对剧院进行管理，正如《魔笛》时期一样，他请来了同时代最负盛名的作曲家。

首先，贝多芬为封斋期（Fastenzeit）[1] 创作了清唱剧《基督在橄榄山上》（Christus am Ölberge），此后，贝多芬与席卡内德共同计划创作歌剧《维塔斯之火》（Vestas Feuer）。他们快速写出了两幕音乐，但贝多芬不喜欢席卡内德的脚本，因此将其寄了回去，并根据一个勇敢女子把自己丈夫从监狱中解救出来的故事开始创作歌剧：故事出自《莱奥诺拉，或婚姻之爱》（Léonore, ou l'Amour conjugal），原作作者让-尼古拉·布伊（Jean-Nicolas Bouilly）在其中展现了典型的大革命后的时代精神。此作品后由约瑟夫·松莱特纳（Joseph Sonnleithner）译成德语——"莱奥诺拉"不久后变为"费德里奥"，成为歌剧中自由与正义的化身。创作完成后，贝多芬甚至想要搬去拿破仑所在的巴黎！

1　基督教的斋戒节期，指复活节前 40 天。

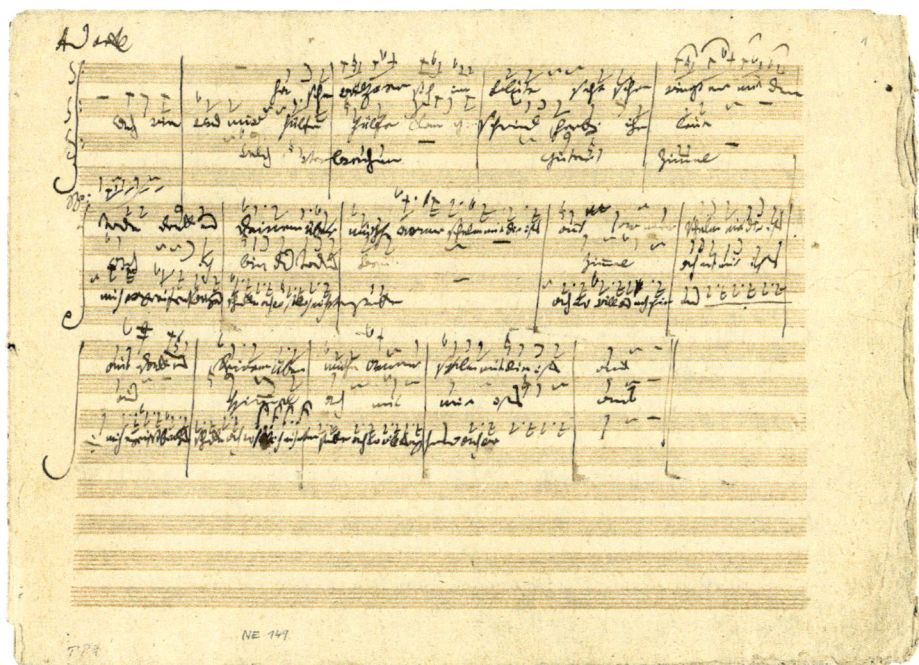

贝多芬根据莫扎特的《唐璜》所创作的乐段，其中人声部分用大胆的方式相互穿插，这份草稿可以看作是《费德里奥》之前的习作："一位大师从另一位大师处加以借鉴。"

虽然1804年维也纳河畔剧院更换了所有者，并与贝多芬解约，但同年年底，他们又重新签约。在此期间，贝多芬对他的第三交响曲，即《英雄》交响曲进行了修改，并想将此曲献给拿破仑·波拿巴。同时，他还最后一次修改了自己极受欢迎的"华尔斯坦"钢琴奏鸣曲，并完成了那部最不受欢迎的姐妹作品，即F大调第二十二钢琴奏鸣曲（Op. 54）的创作，此外，他还开始谱写《热情》奏鸣曲的初稿。这是一段灵感迸发的时期——也是贝多芬"政治意识"觉醒之时。1804年5月，当他得知拿破仑加冕成为"法国皇帝"时，他撕掉了《英雄》交响曲扉页上的题词。在这位深受启蒙运动思想鼓舞的作曲家眼中，那位曾经追求"自由、平等、博爱"的先驱，已沦为虚荣自私的君主，与那些"用脚践踏"人民利益的君王毫无差别。从此，他对搬往巴黎之事只字不提。

至于贝多芬是如何看待那些对他的作品过分夸赞的奉承者，我们可以从费迪南德·里斯所述的一则轶事中略知一二。

我曾在维也纳附近的巴登（Baden）待过一段时间，我常常需要在晚上表演贝多芬的作品。有时会看着乐谱弹，有时则要在一群热爱贝多芬的人面前背谱演奏。在这里我确实相信了，对于大多数人来说，只需要"贝多芬"这个名字就足够了，所有一切，无论是作品中美妙、优秀、普通甚至是很糟糕的部分。有一天，我正疲于背谱演奏，突然脑中想到了一首进行曲，手下便弹了出来，这并不带任何别的目的。一位痴迷贝多芬的老伯爵夫人因此极为高兴，因为她以为这是贝多芬的新作。为了取笑她与其他那些贝多芬狂热的爱好者，我很快肯定了她的想法。可糟糕的是，贝多芬第二天来到了巴登。傍晚时分，当他刚踏入布劳尼伯爵家门时，这位老夫人已经开始称赞那首进行曲何等地完美精彩。想想看，我那时有多么尴尬。由于知道贝多芬无法忍受这位伯爵老夫人，我将他迅速拉到一边，轻声告诉他，这本是想取笑一下她的愚蠢。幸好贝多芬欣然接受了。但当我必须再次演奏那首进行曲时，一切变得更尴尬了，因为贝多芬就站在我的旁边。所有人都在盛赞他的天才，而他则满是困惑与愠怒地听着，最后大笑了出来。之后他对我说："您看，亲爱的里斯！在座各位都是厉害的行家。他们能正确而深刻地评论每部音乐作品，只需要告诉他们最喜欢音乐家的名字就可以了；此外无需更多。"

然而故事并未结束，受到布劳尼伯爵的启发，贝多芬确实创作了一系列进行曲。此后，他完成了三部四手联弹钢琴曲目，作为第 45 号作品发表，并将它们献给了埃施特哈齐亲王。车尔尼曾回忆了这些进行曲的创作过程："在创作的时候，贝多芬经常在钢琴上进行各种尝试，直到他觉得对了为止。他也会边弹边唱，可他的歌声十分糟糕。"

降 B 大调第十一钢琴奏鸣曲（Op. 22）

有活力的快板 - 有表现力的慢板（降 E 大调）- 小步舞曲 - 小快板的回旋曲

Allegro con brio-Adagio con molto espressione (Es)-Menuetto-Rondo.

Allegretto

创作于 1800 年，于 1802 年出版（霍夫迈斯特，莱比锡）

献给约翰·格奥尔格·冯·布劳尼伯爵

"这是一部令人难忘的奏鸣曲"，贝多芬曾给莱比锡出版商霍夫迈斯特这样写道。历时两年，他才完成了这部降 B 大调作品的创作。1802 年当这部乐曲问世时，贝多芬将其命名为"献给为俄国 S. M. 效劳的布劳尼伯爵的大型钢琴奏鸣曲，路德维希·范·贝多芬"[1]。

"令人难忘"这个词，是较同时期常见的其他钢琴奏鸣曲作品体量而言的，降 B 大调奏鸣曲已经呈现出交响乐规模的倾向。仅是第一乐章的开始部分，就令当时那些尚无预期的作曲家深深为之惊叹：被我们依据谱曲法定义的"核心主题"（Hauptthema）循序渐进地发展，向我们呈现了三个截然不同的音思，若非如此的话，我们定然会感受到旋律流淌戛然而止。更为重要的是，这部乐曲以十六分音符进行的旋律为开端，伴随乐句的推进逐渐独立出来，并完全主导了乐曲的中间部分，即发展部（Durchführung）：贝多芬将这种气氛凝结到一个很长的、连续不断的、直至延长符号（Fermate）及其后中止处的"渐弱"之中。在纯粹、无限的转调（Modulation）中我们突然听到了 F 大调，然后是再现部的进入，即便可能没有对开始部分进行重现。

1　法语原文："Grande Sonate pour le piano Forte composé et dédiée à Monsieur le Comte de Browne Brigadier au Service de S. M. de toute la Russie, par Louis van Beethoven."

典型的贝多芬手稿：贝多芬降 B 大调第十一钢琴奏鸣曲

这可以说是舞台上的一个诀窍——简单却同样能令人不可思议，就如同艺术中所有看起来轻而易举的事，其实都是细微之处的奇迹。

"有活力的快板"这个绝妙的音乐表情宛若一个声音魔法，它的使用甚至能远溯至后来《田园》交响曲（Pastorale）[1] 中的"溪边小景"（"Szene am Bach"）[2]，虽然贝多芬在这里展示了不同的主题，但两者间的旋律传承完整连贯。尽管我们在奏鸣曲作品中能看到戏剧性的，甚至可以说痛苦狰狞的反差部分（Kontrastabschnitt），但在交响作品中却完全没有。

关于本作品的第三部分"小步舞曲"是否真如标题所言一般，我们暂且不论。这个结构复杂的乐章，开始部分通过一段柔板主题的变奏进行演绎。它欢快雀跃、生机勃勃，但很快就被恐惧、不安感的素材和猛烈的"突强"而扰乱。这种在海顿或莫扎特交响乐作品中通常作为一种舞曲类型，并在小调作品中用以传达放松感的乐曲类型，在这里成为了复杂戏剧表达的重要构成部分，并在终乐章中被进一步加强。

与贝多芬降 E 大调第四钢琴奏鸣曲最后的乐章一样，我们可以从这部作品的回旋曲部分看到对立元素的统一——一个充满戏剧性的中间部分——并在高度的完整统一中抵达终点。同样令人惊叹的是这部降 B 大调作品的回旋曲主题，它在每次再现中都以不同的细微方式进行全新诠释。从作曲角度来说，这是极尽所能

1　即贝多芬 F 大调第六交响曲（Op. 68）。
2　即本部交响乐作品的第二乐章。

1800 年 4 月 2 日，贝多芬在城堡剧院举办音乐会时的海报：除莫扎特与海顿的作品外——海顿刚刚庆祝了 68 岁生日——这场音乐会还包括一部贝多芬新创作的钢琴协奏曲、一部交响曲，贝多芬在音乐会上还进行了即兴表演。其中，最畅销的是献给皇帝弗兰茨二世的七重奏，这首曲子在当时很快流行起来

的即兴之作，我们因此可以设想，面对这些相似位置时贝多芬会如何演绎，但是，他并没有给我们钢琴演奏者自我决定的自由，只是将这些"即兴作品"一一记下。

此外，贝多芬还使用最后乐章主题创作了 G 大调主题变奏曲（WoO 77）。

关于回旋曲的结尾部分同样值得人再次思考，是浑然不觉的结束还是用技艺精湛、强烈有力的方式完成———如我们所感受到贝多芬常做的那般：效果最为重要！另外，钢琴演奏者更愿意将这部作品放在节目单最前面的位置，以此将棘手的作品尽可能往后放。

"不懂谈判与算术之人"

1801 年，在一封写给出版商霍夫迈斯特的信中，贝多芬提到了自己的第一交响曲、当时深受欢迎的七重奏、降 B 大调协奏曲和降 B 大调第十一钢琴奏鸣曲，并在信中表达了对约翰·塞巴斯蒂安·巴赫的崇敬（我们也是如此）以及对自己所有作品一视同仁的态度。尽管他知道，其中有些作品会比另一些卖得更好——虽然每一部作品都完全体现了它的艺术价值——但它们有各自的市场价格。

亲爱的兄弟和朋友，很高兴读到您的来信。衷心感谢您对我和我的作品提出的建议，它将使我受益良多；我也有必要感谢屈内尔（Herrn K [Kühnel]）先生，他向我表达了敬意和友谊。

我很欣赏您的做事方法，并且希望，若这些艺术作品能产生商业价值，那么它们最好是能造福真正的艺术家，而不仅仅是二道贩子。

关于您出版塞巴斯蒂安·巴赫作品集的计划，令我满心欢喜——我这颗心为和声之祖那至高无上的艺术造诣而跳动——我期待尽快看到全集出版。我希望，一旦那辉煌的和谐乐章宣告问世，只要您开启预订，我就要将其收入囊中。

至于我们之间的合作就按您的想法来吧，我委托您如下事项：七重奏（我同您提过）开价20杜卡特[1]；第一交响曲开价20杜卡特；协奏曲开价10杜卡特；独奏奏鸣曲快板、柔板、小步舞曲、回旋曲乐章开价20杜卡特。亲爱的兄弟，这部奏鸣曲非同一般！

我稍作解释：或许您有些意外，在此我并没有为奏鸣曲、七重奏、交响曲区别定价，我知道，七重奏或交响曲会比奏鸣曲更好卖，但我这么做了，尽管交响曲的市场价无疑更高。（顺带一提，这部七重奏以短小的柔板开场，衔接快板、柔板、小步舞曲、行板变奏曲、小步舞曲，又回到短小的柔板部分，然后是急板。协奏曲定价只有10杜卡特，因为我与您提过，它并不属于我最好的作品。我并不认为这总价对您而言太夸张了，至少我尽量开出了恰如其分的价格。至于汇款的事——如果您让我自己决定的话——您可以通过盖米勒（Geimüller）或许勒尔（Schüller）来操作。四部作品一共70杜卡特，我只收维也纳杜卡特，至于它们在您那儿值多少金塔勒，这并不关我的事，我实在是个不懂谈判和算术的人。

这桩恼人的生意就这样了，我之所以这么说，是希望这个世界能有所改变。世上应该有一座艺术之库，艺术家们将他们的作品收入其中，再从中获取他们所需要的。现在艺术家自己就得是半个商人，他们要怎么适应这个现实——天啊——我又要生气了。至于L…O…之流，就让他们说去吧，反正他们的废话不会

1　杜卡特（Ducat）和塔勒（Thaler）是欧洲中世纪后期至20世纪作为流通货币使用的金币或银币。

当年的"笔记本电脑"：贝多芬的旅行写字台

使人长寿，就像他们无法从阿波罗的代言人那里夺走永恒。

愿上天保佑您和您的合伙人。近来我略微抱恙，现在甚至连谱曲都有些困难，写信倒是问题不大，希望能常常有机会和您推心置腹，您是我的朋友，而我也是您的兄弟和朋友。

L. V. 贝多芬

敬盼为复——回见——

顺道一提，据辛德勒的说法，"L⋯O⋯"或指"莱比锡公牛"（Leipziger Ochs），以此揶揄某个不受待见的评论家。

二重奏

两部重量级的小提琴奏鸣曲作品——a 小调第四小提琴奏鸣曲（Op. 23）和 F 大调第五小提琴奏鸣曲（Op. 24）——都采用了

二重奏的形式，后者凭借《春天》奏鸣曲（Frühlingssonate）一名广为流传。早在 1799 年 1 月，贝多芬就以第 12 号作品为编号出版了三首奏鸣曲 [1]。一如早期的独奏奏鸣曲与最初几首独奏协奏曲，这三首作品都由钢琴与另一独奏乐器共同演绎——这对这位钢琴作曲家日后的发展至关重要。贝多芬没能从大提琴奏鸣曲中找到太多借鉴，便转而在莫扎特的小提琴奏鸣曲中寻找启发。在第 12 号作品中，莫扎特的"痕迹"不容忽视，主要因为贝多芬注意到了前者平衡音色的精妙技法。在结合小提琴与钢琴声部时，音色平衡的问题格外棘手，就连莫里斯·拉威尔（Maurice Ravel）——他是 20 世纪初最卓越的小提琴家之一——也说过，小提琴与钢琴简直是水火不容。令人叹为观止的是，贝多芬在谱写首部这种类型的奏鸣曲时，就解决了这个难题。凭借第 23、24 号作品他达到了创作的高峰，并使我们忘记，当年人们对小提琴奏鸣曲的理解与现在是截然不同的。现如今我们觉得在奏鸣曲中钢琴不过是小提琴的陪衬。而在贝多芬那个年代，情况却截然相反！

　　甚至在 20 世纪初，人们还使用"钢琴与小提琴奏鸣曲"这一说法。在维也纳古典时期钢琴则毋庸置疑是第一主角："钢琴奏鸣曲，由小提琴伴奏。"

　　同莫扎特一样，贝多芬也坚持这一点。里斯的记述充分体现了当时的时代特征：在一场布劳尼伯爵举办的晚会上，"贝多芬

1　即 D 大调第一小提琴奏鸣曲、A 大调第二小提琴奏鸣曲和降 E 大调第三小提琴奏鸣曲。

演奏了一支不同寻常的奏鸣曲（a 小调第四小提琴奏鸣曲）"。他没有提到，是谁演奏了这支奏鸣曲中的小提琴部分。也许贝多芬像演奏钢琴奏鸣曲那样独自演奏了这支曲子。按照当时的出版惯例，小提琴"伴奏"绝不会出现在钢琴部分。但在今日，我们读谱时已经习惯在钢琴部分看到小提琴那稍显尖锐的声部，这也体现了人们观念上的转变。

降 A 大调第十二钢琴奏鸣曲（Op. 26）

行板与变奏 – 非常快速的谐谑曲 – 为一位英雄的葬礼进行曲：庄严的行板 – 快板

Andante con variazioni-Scherzo. Allegro molto-Marcia funebre：sulla morte d'un eroe. Maestoso andante-Allegro

创作于 1800—1801 年，于 1802 年出版（卡比［Cappi］）

献给卡尔·冯·里希诺夫斯基亲王

这部降 A 大调钢琴奏鸣曲的创作历时多年，早在 18 世纪 90 年代中期，贝多芬就可能完成了这部作品的初稿，直到 1800 年至 1801 年这部乐曲才最终定稿。贝多芬在这部奏鸣曲中采用了不同的结构形式。在第 26 号作品中，我们完全看不到在他别的奏鸣曲中会有的内容：一个真正的"奏鸣曲式乐章"（有呈示部、展开部、再现部），并根据"奏鸣曲式原则"（Sonatenprinzip），终乐章通常是一个慢速乐章。与莫扎特 A 大调第十一钢琴奏鸣曲（KV 331）一样——这部作品有一个变奏曲式的第一乐章，接下来为传统的谐谑曲第二乐章及为整部作品命名的《葬礼进行曲》，最后是一个回旋曲式最终乐章。

这部作品打破了人们对奏鸣曲形式的所有预想（包括贝多芬自己在此体裁中的早期作品），显而易见的是，幻想曲将其引向了一个此前未曾探索过的领域，虽然这部作品的确被称作"奏鸣曲"，但却是一部"幻想曲式的"（Quasi una fantasia）奏鸣曲。

这部《葬礼进行曲》奏鸣曲同样有其"幻想曲式"的一面，并且，这是一部显而易见的标题乐曲：主题为"一位（死去的）英雄的葬礼进行曲"——如我们之后在《英雄》交响曲中所见一般。

这种图像性的联想，促进了它在音乐创作领域数十年的广泛传播。那代伴随着弗朗茨·李斯特（Franz Liszt）或埃克托·柏辽兹（Hector Berlioz）的交响诗成长的人坚信，音乐一定会呈现故事性，这同样可以在降A大调奏鸣曲与它英雄性的"标题"中明显感受到。根据1920年的一份调查显示，在贝多芬的众多奏鸣曲作品中，第26号作品的销售量仅次于f小调第一钢琴奏鸣曲、《月光》奏鸣曲和《悲怆》奏鸣曲，但这部作品今日却乏人问津。

在过去的百年间，音乐的品位发生了明显的变化，虽然埃德温·费舍尔（Edwin Fischer）[1] 曾说过，这部降A大调作品是贝多芬创作的一个转折点，在这其中"心灵的陈述"被置于重要的位置，并且，"对创作、塑造的要求变得更加强烈"。

1　1886—1960，瑞士钢琴家。

作品以辉煌、即兴演奏般的变奏开场，听上去仿佛已具有浪漫主义风格的特点。

这部奏鸣曲的第三乐章，即著名的《葬礼进行曲》主调为降 a 小调，这是五度循环中所谓最后的一个调式，即"最外面"的一个，其在我们的大小调系统中无法用两个降号（或两个升号）进行标注：在任何五线谱中七个降号都是"令人恐惧的"存在，而伴随《葬礼进行曲》的进行，我们来到遥远的降 c 小调段落；在这里贝多芬很实用地标注为 b 小调，因为耳朵听起来这两者并无区别，但是对于读谱来说却明显简单很多。

此外，这个乐段勾起了我一段特殊的回忆。那是很久之前了，在一座大城市的演出，我的节目单上就有这部降 A 大调钢琴奏鸣曲。在第二乐章的结尾时——我考虑了又考虑、想了又想——然后，用 b 小调开始了《葬礼进行曲》的演奏。但那天晚上，从刚开始这么弹奏我就感觉不对了，因为在这种情况下显而易见的是：自第一个音弹下后，其实已经觉察到错误，因为听上去很刺耳，但为时已晚，我不可能再重新开始。类似情况还发生在伦敦皇家节日大厅（Londen Royal Festival Hall）的一次演出中，当时演奏的曲目是弗里德里克·肖邦（Frédéric Chopin）的《前奏曲》（Preludes, Op. 28），我将作品中两个部分进行了对调。但却并没有人发现——除了一位在场的乐评家，因为在音乐会上他手中就拿着乐谱……

对于我来说，《葬礼进行曲》中有令我"起鸡皮疙瘩的瞬间"——那些独特且极为动人的和声转换方式，其影响甚至能延

134

伸至古斯塔夫·马勒（Gustav Mahler）的第五交响曲，这部作品的第一乐章同样也是以葬礼进行曲开始的。

这个《葬礼进行曲》乐章同样对贝多芬自己的后期作品产生影响：我们在其中真正听到了为行军伴奏的鼓声，这也启发了作曲家——一如"三重奏"中间部分的"号角"形象——后来，他将这个乐章运用到戏剧音乐中。为了 1815 年弗里德里希·敦克尔（Friedrich Duncker）所创作戏剧《里昂诺·普罗赫斯卡》（Leonore Prohaska）的演出，贝多芬将这段进行曲重新配器，并额外创作了一首士兵合唱、一首写给女高音的抒情歌曲及一幕通俗闹剧。他通过这种方式，让那时他钢琴奏鸣曲中很受欢迎的乐章拥有了戏剧舞台生命，可直到他离世后，这部舞台音乐才出版。

这部降 A 大调奏鸣曲的终乐章是一个无穷动（Perpetuum mobile）乐章——需要人特别留心，在强烈表达中不要忘记这里的断奏——结尾乐段要弹得非常清楚明确。

在最后几小节中，为了让表达刻画更加深入，我们可以看到贝多芬作品中最早之一的、关于踏板的特殊标注。他在倒数第三小节下标注了使用踏板，但踏板不需要保持，只能是向下级进的分解和弦（Akkordzerlegung）渐弱演奏，音色因此更加厚重，但和声不能混在一起，演奏完最后一个音后，仍久久回响……

第 26 号作品意味着贝多芬的钢琴奏鸣曲进入了一个抒情时期，紧随其后的就是第 27、28 号作品。

"幻想曲般的"两首奏鸣曲（Op. 27）

创作于 1801 年，于 1802 年出版（卡比）

降 E 大调第十三钢琴奏鸣曲（Op. 27 No. 1）

行板；快板 – 活泼的极快板（c 小调）– 富有表情的柔板（降 A 大调）– 活泼的快板

Andante；Allegro-Allegro molto e vivace (c-Moll)-Adagio con espressione (As)-Allegro vivace

献给约瑟芬·冯·利希滕施泰因（Josephine von Liechtenstein）亲王夫人

贝多芬第 27 号作品中两首奏鸣曲都被其称为"幻想曲般的"奏鸣曲。这当中有许多令人深思之处，但总而言之，这意味着两部作品乐章间的过渡毫无空隙——类似情况只有在"月光"奏鸣曲的最终乐章前，才省略了"开始下一章"（attacca）的标注。

"幻想曲般的"同样从其词本意上意味着——就如同已经见于第 26 号作品的那种不同寻常的形式。这部降 E 大调奏鸣曲以一个"三段式"乐章开场——行板、快板、行板，其中，快板与前后的行板产生了强烈的对比效果。

此外关于速度，假如我用自己的演奏方式参加任何的钢琴比赛，那第一轮就会被淘汰出局。谱面上写的是"行板"，还标注了"二二拍"，也就是说每小节两拍，这会形成明显更快的速度，这是我对于这部乐曲的感受。

而 c 小调的谐谑曲确确实实是从第一乐章中发展出来的——那突然出现的、充满神秘感并向上级进的连音段落与强奏的断奏形成对比，接下来是降 A 大调三声中部——一个真正"幻想曲般的"——即兴改编谐谑曲部分的变幻再现，在这里，右手在低音区的断奏与抒情、洗练连贯的连奏形成对比；一个别致、对于技术有极高要求的"再现部的变体"，就如我们在更早期的奏鸣曲中已经见到的一般。

同样，从 C 大调最后几小节的"突强"发展到了"柔板"乐章，这个降 A 大调上的三声中部其如歌的旋律迷人而美好：如通常那般，"表现派"的贝多芬在表情记号中将其体现出来，他用"强后突弱"强调每一个音符，他在第三次上升曲线的顶点，通过突强强调了这个乐段的处理。这里要求的是一种自由的、歌唱性的演奏。如"幻想曲般的"，人们将其在心中经常回想却仍旧不足！并且——在终乐章中也是一样的——不要弹得"像一首练习曲"，虽然这里对左手灵活度的要求可以称作是"有一定欺骗性的"。

升 c 小调第十四钢琴奏鸣曲（《月光》奏鸣曲）(Op. 27 No. 2)

持续的柔板 - 小快板 - 激烈的急板
Adagio sostenuto-Allegretto-Presto agitato
献给裘莉塔·圭齐亚蒂（Giulietta Guicciardi）

不仅由于对这部作品完全误导性的命名，导致了对其的诸

冯·加伦贝尔格伯爵夫人的半身塑像，贝多芬在她还叫朱莉·圭齐亚蒂时与其相识。这件艺术品是在那不勒斯创作完成的，1803—1822年间，裘莉塔随其夫温策尔·罗伯特·冯·加伦贝尔格伯爵在此居住。题献给她的升 c 小调奏鸣曲创作于 1801 年

多误解，同样，关于这部作品的题献也激发了评论家们的诸多幻想。大约 1800 年，裘莉塔·圭齐亚蒂（也被称作朱莉）与贝多芬在布伦斯维克家族的圈子中相识，并成为对方的学生。在教学过程中，两人互生好感，辛德勒日后曾说裘莉塔就是贝多芬那封信的收件者，即那位"不朽的爱人"，但贝多芬的研究者们对此持强烈反对意见。不过可以肯定的是——对于这位时而热情，却因自己出身十分倨傲的年轻女士来说——她与作曲家不会有更进一步的关系，后来她嫁给了贵族作曲家温策尔·罗伯特·冯·加伦贝尔格（Wenzel Robert von Gallenberg），并作为加伦贝尔格伯爵夫人去了意大利。有据可考的是，在她 1822 年返

《月光》奏鸣曲手稿其中一页

回维也纳后，又与贝多芬重新取得联系。裘莉塔也许并不知道，自己究竟有多么成功。根据贝多芬幼时好友斯特凡的儿子吉尔哈德·冯·勃罗宁（Gerhard von Breuning）在他1874年出版的回忆录的记载，贝多芬的遗物中有一幅女士小像，这是1827年在勃罗宁财产的一次拍卖上购得的，所绘之人正是裘莉塔。但对此说法依旧无据可考。

而这部升c小调奏鸣曲是献给少女时期的裘莉塔的！仅第一乐章就给观众留下了极大的想象空间。

这个标题的溯源本身便有问题，它绝非来自贝多芬本人，让这部作品与"月光"之名从此密不可分的，是浪漫主义诗人路德

弗里德里希·伯登穆勒（Friedrich Bodenmüller，1845—1913）所绘
"刻奇"画作："贝多芬与盲女"，取材于《月光》奏鸣曲背后的传说

维希·莱尔斯塔勃（Ludwig Rellstab）[1]与威廉·冯·伦茨（Wilhelm von Lenz）[2]将在洒满月光的湖面上泛舟而渡作为第一乐章意境的比喻。这个画面是如此根深蒂固，导致有些评论家从这个乐章那孤寂盘绕、不绝如缕的升 c 小调三连音音型中，听出了与莫扎特《唐璜》第一幕里因与主人公决斗而身负重伤、命丧黄泉的骑士团长乐段的相似性。

让"月光"成为如此强烈画面的原因，还包括那些将贝多芬音乐再创作的图像化作品，其中最著名的例子之一就是弗朗兹·史塔生（Franz Stassen）[3]所绘的月光奏鸣曲之画。在这幅作品中，作曲家被定格在如梦的月光里，并被一位缪斯保护着——那些升 c 小调的三连音是否就诞生于此情此景呢。毫无疑问，这是关于贝多芬具有浪漫色彩的"刻奇"（Kitsch，指俚俗）之作，但同样使这部奏鸣曲在漫长的时空中，成为古典主义永恒的热门作品。

1842 年，路德维希·莱尔斯塔勃曾在一篇文章中对自己的联想给出解释，说这绝非是个人的创造，而是当时许多人共有的感受："正如大家所感受的那样，这部升 c 小调奏鸣曲拥有夜晚般的色彩，如同那月色笼罩之下幽暗而梦幻的景色。"

不管赞成或反对，我们不能完全对此类联想嗤之以鼻。一部舒伯特艺术歌曲的开头，就宛如对升 c 小调奏鸣曲的引用——它是这样的："致月亮……"

1　1799—1860，德国记者、音乐评论家、诗人。
2　1808—1883，德国籍波兰裔音乐作家。
3　1869—1949，德国画家、插画家。

无论如何，这部《月光》奏鸣曲的第一乐章成为了当时的"流行音乐"，贝多芬的演奏注释反而成为这部作品被滥俗演绎的"方便之门"：整个乐章都必须使用踏板，并且用"始终很弱的"（sempre pianissimo）方式进行演奏！

此外几乎没有人注意到，在这里我们习以为常的四或八小节乐句被以五小节为单元的呼吸节律打破了平衡。

因为这流光徘徊的月色图景，让许多乐迷们都忘记了这部升c小调奏鸣曲不仅只有著名的第一乐章，同样还有其后的两个乐章——有趣的是，三个乐章都使用了相同的主调升c小调，其中第二乐章写为降D大调：它将音调带入了更加明亮的氛围。日后，李斯特曾将这个乐章喻为"两处深渊间的一朵花"。

但在乐曲的进行过程中，这朵小快板之"花"依旧带刺：柔美的旋律，节奏却非十分简单；其后，贝多芬就标注了切分音，使这个乐章中段具有代表性的特征。大地再次震颤——并在那激烈的、小调终乐章中轰塌，那一切听起来就如火山喷发岩浆四溅，那浪漫的"月光"魔力至此终结。

D 大调第十五钢琴奏鸣曲（《田园》）（Op. 28）

快板 - 行板 - 活泼的快板速度的谐谑曲 - 不太快的快板速度的回旋曲
Allegro-Andante-Scherzo. Allegro vivace-Rondo. Allegro ma non troppo
创作于 1801 年，于 1802 年出版（维也纳艺术与工业局）
献给约瑟夫·冯·索纳菲尔斯（Joseph von Sonnenfelds）

这同样是一部在曲目单上所呈现的"别名"已根深蒂固的作

第28号作品，即D大调第十五钢琴奏鸣曲的命名，并非如贝多芬其他大部分作品那么确凿。其同名交响曲，即《田园》交响曲的得名则是由作曲家本人自己完成的。作品乐章具有标题音乐性质的题目，是阐释者们根据联想而为。实际上，贝多芬更多是在自由创作。而《田园》交响曲的第二乐章，即"溪边小景"乐章描绘的场景，有可能如同这幅画作。至少画家弗朗兹·海基（Franz Hegi，1754—1859）是这样认为的

品，与同名交响曲一样都以"田园"一词命名。事实上，在贝多芬所有的钢琴奏鸣曲作品中，只有一个他自己命名的标题音乐题目，那就是"悲怆"。

若过度深究那位汉堡出版商为何将这部 D 大调奏鸣曲以"田园"之名出版，其实并没有太大意义，相较于此，我们更应将关注投向这部作品的受赠者：尊贵的约瑟夫·冯·索纳菲尔斯，他是那个时期维也纳戏剧改革背后的推动者、共济会"和睦会"（Zur wahren Eintracht）[1] 的分会主席，同样也是维也纳"光明会"（Illuminat）[2] 的头目，其先进思想促进了他在玛丽娅·特蕾西娅女皇时期的开明举措。他在 1775 年发表的《关于酷刑的废除》（Über die Abschaffung der Tortur）的确推动了哈布斯堡王朝刑罚的废止。因此，作为伟大道德主义者的贝多芬，将这部奏鸣曲献给了这位杰出的大学教授及政治顾问，应该也是经过再三考量的。索纳菲尔斯出生于摩拉维亚（Mähren）的一个犹太家庭，这也给他造成了影响，使其致力于改善犹太人在奥地利的地位。

这部 D 大调奏鸣曲的开始部分常让我联想到莫扎特著名的 g 小调第四十交响曲（KV 550），无他，只是因为一种类似的旋律或和弦的使用而带来此种感受。但若回想一下那部莫扎特交响曲，我们依旧会感觉这部作品是以著名的小提琴声部主题开始的。但事实上，这部作品的交响曲主题是由"音雾"构成的，浑然一

---

1   其名意为"真正的和谐"，于 1781 年 3 月 12 日由 15 名共济会成员在维也纳成立，后来在伊格纳茨·冯·博尔恩（Ignaz von Born）的推动下，"和睦会"成为一个以学术研究为重点的分会，并成为维也纳"光明会"的核心。
2   一个于 1776 年 5 月 1 日在巴伐利亚选侯国成立的秘密组织，创始人为约翰·亚当·魏萨普（Johann Adam Weishaupt）。

体、不可分割。这在那时已经存在！

而在贝多芬这部作品中，我们首先听到的是大字组 D——同时，辉煌的"如歌的"（Cantabile）表情则通过右手"塑造"，在这部奏鸣曲的开头，这并不是一个很"自信"的核心主题，并且这使用了一个所谓错误的调式。相似的效果见于第一交响曲中（即第 21 号作品），当第一个音奏响时就给人带来了极为震撼的感受：这部交响曲的开头并非 C 大调和弦，而是使用了不协和音（Dissonanz）引向了一个"错误的"调式，即下属调 F 大调。

在这部奏鸣曲中，贝多芬采用了相同的方法，但处理得十分细腻而谨慎：从和声角度来说，这个过程是相同的。分析者可称：这部奏鸣曲的根音首先被"误解"成了属音（Dominante），但这是多么大的效果差别啊！在贝多芬第一交响曲中，他用这种方式向我们呈现了不协和音，在这里反叛精神成为了主导。这部作品让听众的世界中照进母爱般的温柔，在乐曲奏响之前，一切已经存在，一如莫扎特的交响曲。

若人们尝试将这一切用文字表达出来，看上去似乎是相悖的。在这些旋律中还有别的不协和音在做主导。由于贝多芬对那抒情性 A 大调主题的热爱，因此他将其也运用于这部奏鸣曲之中，虽然这已经过去，虽然这音乐已经朝着新的方向前行，但它热切地再次回首，又一次地运用了这段旋律。这是大千世界千万次中的一瞥，我们可以听到贝多芬对温暖、对爱、对安定永恒的渴望。在大多数情况下，我们感受不到那著名的、对命运发出英雄之声的"巨人"贝多芬，这是一种完全被曲解了的感受。

当 D 大调奏鸣曲开始根音被弹奏出来后，对此十分喜爱并被深深吸引的除了抒情诗人，还有风趣的幽默家。而幽暗的 d 小调行板部分——再次以类似的"低音提琴拨奏"的方式开始，并逐渐走向在主调上的优雅的、舞蹈般的中段，一个灵巧雀跃的形象。一年后在第二交响曲中，他再次少量地使用了这个形象——这部同样是 D 大调的交响曲，与此形成鲜明对比的是同一时期的"海利根施塔特遗嘱"，这同样是关于贝多芬生平最大的谜团之一，人们不能，或至少不能一直认为，作品一定是创作者生活的投映。

三首奏鸣曲（Op. 31）

创作于 1801/1802 年间，于 1804 年出版（内格利，苏黎世）
受出版商内格利委托而作

如果看一眼第 31 号作品中的每一首奏鸣曲，我们会发现，神秘和玄妙并不始于中间那首 d 小调奏鸣曲。第一首 G 大调钢琴奏鸣曲就已经非常奇特了，尽管通篇明亮而欢快，但它或许是贝多芬谱写的最别具一格的奏鸣曲。一开始，它并没有被编入第 31 号作品中——就像我们误以为的那样——而是与第 27 号作品的其中一首凑成了一组。

第一首 G 大调第十六钢琴奏鸣曲

活泼的快板－优美的柔板（C 大调）－活泼的回旋曲
Allegro vivace-Adagio grazioso (C-Dur)-Rondo. Allegretto

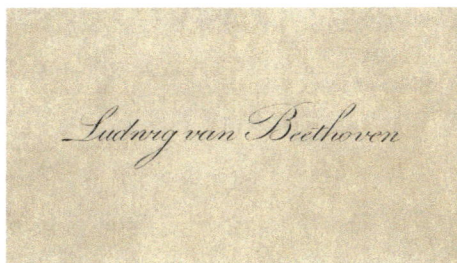

贝多芬的名片

第二首 d 小调第十七钢琴奏鸣曲

广板 / 快板 – 柔板 – 小快板
Largo/Allegro-Adagio-Allegretto

第三首 降 E 大调第十八钢琴奏鸣曲

快板 – 谐谑曲，活泼的快板 – 小步舞曲，优美的中板 – 热情的急板
Allegro-Scherzo.Allegretto vivace-Menuetto. Moderato e grazioso-
Presto con fuoco

关于第 31 号作品不乏奇闻轶事，在几封创作时期往来的书信中也提到了它。在一封写给出版商霍夫迈斯特的信中，贝多芬表达了对这项委托的顾虑。出版商称，一位女士想委托贝多芬创作一首"革命奏鸣曲"。

这简直是瞎胡闹，先生？居然建议我写这么一首奏鸣曲？
好吧，要是搁在如火如荼的大革命年代，这还情有可原，但

147

现在，一切都在慢慢恢复原样——波拿巴与罗马教皇签订了《教务专约》（"Concordat"）——所以写这样一首奏鸣曲？

要是委托我写《圣母弥撒曲》（Missa pro sancta Maria à tre voci）或是《晚祷曲》（Vesper）之类的，那我立刻就动笔了——用加粗的音符一口气写下信经（Credo）——但是天啊，要我写这么一首奏鸣曲，在这个崭新的基督教时代？饶了我吧！这不可能。

现在我以最快的速度答复您——这位女士可以从我这儿得到一支奏鸣曲，我也会在审美上遵照她的要求——而不是在调式上——价格为 5 杜卡特。作为回报，她可以保留这支曲子一年，供自己怡情，在这期间我与她都不得出版这支曲子。

但一年过后，这支曲子将只属于我一人，也就是说我有权并且会出版这支曲子，而如果她觉得荣幸的话，至多可以恳请我将这支曲子献给她。

愿上帝保佑您。

很明显，这份委托附带了相当精确的程式要求，甚至预先给出了调式顺序。贝多芬当然无法接受这一点。因此在第 31 号作品的第二首奏鸣曲中，他创造了不同寻常的图景，以崭新的音调向同时代人提出挑战。据称，贝多芬用莎士比亚为自己背书："读一读莎士比亚的《暴风雨》。"这就是为什么 d 小调奏鸣曲至今仍被称作《暴风雨》奏鸣曲。

这部作品与文学以及（信中所暗示的）政治间的关联，或许没有我们——因为处在一个更为理性的时代——所以为的那么牵强。据说，在 F 大调第一弦乐四重奏（Op. 18 No. 1）的慢速乐章中，贝多芬也"引用"了莎士比亚：他的灵感来自《罗密欧与朱丽叶》中的葬礼场景。

若有人觉得，贝多芬是在用他"声名在外"的粗鲁幽默感捉弄评论家，故意使他们误入歧途，那便是局限于我们这个时代的观念了！

F大调四重奏的手稿现已残缺不齐，贝多芬在其柔板乐章的结束部分要求："情感奔放、热情洋溢的"（affetuoso ed appassionato）——并标注"les derniers soupirs"，即"最后的哀叹者"。

此类生动的形象也常常出现在钢琴奏鸣曲中。在据称受到莎士比亚《暴风雨》启发的 d 小调奏鸣曲中，许多段落恰恰舍弃了图像化的阐释，这保证了音乐的神秘性——在"纯粹音乐"（absoluten Musik）的语境下，它们并没有非常明确的含义。也难怪埃马努埃尔·多勒察勒克（Emanuel Dolezalek）——贝多芬的好友——对此天真地发问："这到底好是不好？"在贝多芬之前还没有人以类似的方式创作。贝多芬毫不客气地答道："这当然很好，但你是来自克伦普霍尔茨（Krumpholz）的乡下人，你那顽固的波希米亚脑袋当然不会被它打动。"

除了"情感奔放""热情洋溢"之类的表情记号外，贝多芬还提出了演奏技巧上的规则，它们并非是对抽象音乐结构的阐释。恰恰相反：当贝多芬在第一乐章结尾用宣叙调（Rezitativ）引入音乐的行进时，他明确规定，演奏者在演奏这个乐段时必须自始至终踩住踏板。弱音踏板被全程抬起，每一个音都朦朦胧胧地融入了一片印象派的"音雾"中。

许多出版商试图"纠正"贝多芬的做法。贝多芬在此处借用了歌剧宣叙调，即无词歌，用"无词"的方式娓娓道来———虽然在出版商看来，这种做法偏离了传统的奏鸣曲结构，未免过于大胆了——但我们一再遇到此类向歌剧借鉴的情况，比如第五交响曲第一乐章末尾短促的双簧管独奏，或是第九交响曲合唱乐章著名的引子部分：由大提琴和低音提琴共同"演唱"的宣叙调和咏叹调（Arie）。

　　在此处，贝多芬以"颠覆性"的方式确立了规则，人声部分进入后，他为音乐配上了文字。而在《暴风雨》奏鸣曲和类似作品中，我们必须自己予以行文：它们可能来自莎士比亚，也可能来自作曲家创作时的心境。但只要我们去猜测，便会陷入空想的困境。

　　但可以确定的是，贝多芬对《暴风雨》奏鸣曲的独特演绎，深深地打动了他的听众，这些人是布劳尼伯爵沙龙里的常客。1803 年，里斯曾感叹道，"他以无与伦比的方式演奏了其中的柔板部分"，而当时，逐渐加剧的失聪已经开始阻碍贝多芬的钢琴家生涯。

　　一方面，这部作品展现了令人难以置信的幽默感。在第一乐章中，贝多芬已经运用精妙的"灯光效果"来制造意外。第二主题如同一支歌唱剧中的歌谣般缓缓升起，如同贝多芬喜欢用作变奏套曲（Vatiationszyklen）的"流行小调"，但突然间，我们置身于 e 小调沉郁的氛围中，仿佛一片阴云遮蔽了光芒万丈的太阳。

　　音乐学家会告诉我们：从 G 大调转到 e 小调并非"特别罕见"。的确，这两种调式几乎具有"血缘关系"——它们具有相同的标记，虽然出人意料的是，这个"歌唱剧"以 E 大调进入——贝多芬热衷于此类无伤大雅的小戏法，并会带领我们走得更远：E 大调，四个升号；G 大调，只有一个升号；但 e 小调却与 E 大调有相同的根音。贝多芬尽情使用着调式间的紧密的音程关系，作为"佐料"，他还添上了强有力的和声。对于音乐学家而言解释这一切非常容易，但贝多芬所使用的这种方式方法，所创造的是一连串听觉上的惊叹。而这一切都取决于是谁在讲"笑话"，以及他怎么制造"噱头"。

此外，G 大调奏鸣曲第一乐章的再现部，出现于与日后著名的《华尔斯坦》奏鸣曲第一乐章再现部相同的和声环境之中。但贝多芬好似一位善于"用光"的戏剧大师，分别采取了截然不同的展现方式。他追求极致的变化与节奏感。同样令人深受启发的是，作曲家如何运用鲜明而独特的十六分音符为整首奏鸣曲拉开序幕：他制造了一种足以成为主题、成为"讨论对象"的韵律效果。古典时代的诸多音乐作品都使人联想到层次丰富的对话——一个争论、反驳、再协商、拒绝、赞同的过程，最终达成一致，或分道扬镳。

这也同样导致了意料之外的状况，虽难以置信，但确是事实：出版商内格利在 G 大调奏鸣曲的首印版中擅自插入了四个小节——因为他无法相信作曲家在"谈判"过程中完全不顾及对称性：仿佛贝多芬在明显的位置上遗漏了属音与主音（Tonika）间的变化，内格利"比照"着补上了看似缺失的段落。

人们可以理解贝多芬看到"成品"后的勃然大怒，他委托里斯重新出版这部作品，并且强调，西姆罗克出版社发行的才是

"正确"版本！

说到"对话"，我们发现在 G 大调奏鸣曲中"优雅的柔板"出现在第二乐章，这本身就不同寻常，因为通常情况下，行板比柔板更适合表现"优雅"。这带来了些许夸张的效果，因为毕竟关乎舞台音乐。不管怎么说，这个乐章向我展现了一幅非常清晰的"图景"。

这幅图景是关于一位街头音乐人的，他用曼陀林为两位歌手的表演伴奏。我们听到男高音和男中音在花腔（koloratur）装点的曼妙旋律中放声高歌。

到了中段，两位歌手因虚荣心作祟开始一较高下。花腔由最高声部下降，再由低音向上。事实上，这些效果难以置信的平庸。贝多芬用自己的方式取笑了当时维也纳人极为推崇的意大利歌剧风格。（他自然无法预料，当"费德里奥"失败后，他会对乔阿基诺·罗西尼［Gioacchino Rossini］在维也纳歌剧院首演大获成功一事多么忿忿不平……）

不仅如此，贝多芬还在同样幽默的回旋曲终乐章中嘲讽了另一支至今仍受欢迎的"小曲"——路易吉·博凯里尼（Luigi Boccherini）[1] 弦乐五重奏中的小步舞曲（Op. 11 No. 5）。他援引了这位当时年届而立的古典音乐家作品中和缓的节拍，却以肆意的"突强"（st）"扰乱"了旋律的平和。这也算一种舞台音乐——直至插科打诨的结尾部（Coda），重复到令人倦怠、最终所剩无几的华彩效果。

1　1743—1805，意大利作曲家、大提琴家。

还有一则关于电影的轶事：博凯里尼的"金曲"在亚历山大·麦肯德里克（Alexander Mackendrick）[1] 1955 年的电影《老妇杀手》（Ladykillers）中（与亚历克·吉尼斯、凯蒂·约翰逊合作）扮演了重要的角色。在我这个极热爱电影之人身上曾发生过这样一桩趣事。一天，当我正在排练 G 大调奏鸣曲时，我的儿子走进录音室，问道："啊，你在弹《老妇杀手》里的曲子？"从此，G 大调奏鸣曲被我俩戏称为"杀手"奏鸣曲。

　　我必须再说说《暴风雨》奏鸣曲：无论这部作品是否受莎士比亚启发，我们都能从那贯穿了"突强"的第一乐章中反复体会到动荡不安的"戏剧性"：在此，贝多芬要求演奏者"毫不手软"地加强效果。

　　我们还发现，在第一乐章再现部进入之前的地方，贝多芬制定了相当大胆的踏板规则，几乎没有一个钢琴演奏者敢完全按照此规则演奏：我们只需回想一下 G 大调奏鸣曲中对歌手的戏仿就会发现，此处音乐反映的是歌剧宣叙调。一段异常肃穆的独白，与莎士比亚的悲剧不谋而合：整个场景都消融于迷雾般的氛围中。为此贝多芬规定，在演奏这部分时演奏者必须从始至终踩住踏板！但如果演奏者真这么做了，就会出现不和谐音，直到今天这仍令人震惊。即使是在 2014 年，贝多芬仍具有令人惊讶的魔力。

　　他还以简明却奇妙的方式，实现了奏鸣曲各乐章间的统一：作品一开始的琶音和弦升高了半音，用魔术般的手法为整部作品

1　1912—1993，苏格兰裔美国导演。

拉开序幕，同样的情况也出现在柔板乐章的开始部分，却制造出截然不同的效果，但这出"奏鸣曲戏剧"的舞台布景却发生了变化：类似在第 26 号作品[1] 中"葬礼进行曲"的鼓声于结尾处再次出现，听上去宛若奔赴刑场。

由此，这出"戏剧"产生了激越的效果，直到奏鸣曲的最后一小节才得以平复。《暴风雨》奏鸣曲的终乐章是一个名副其实的"无穷动"，它律动不已，无一刻止息——结尾处从"弱"直至消无的琴音甚至加剧了这份恐惧。这段音乐留给我们许多谜团，令我们不知所措。

谁要是一口气演奏第 31 号作品中的三首奏鸣曲，可以通过最后的降 E 大调奏鸣曲来消除这份紧张，其精妙绝伦的塔兰泰拉舞曲（Tarantella）终乐章简直无可比拟。

在这部作品中没有任何的慢速乐章，与后来的第八交响曲一样，它的中间乐章由谐谑曲和小步舞曲构成。或许是个意外，在我布赫宾德的命名词汇里，我给第 31 号作品中的第一、第三首奏鸣曲都起了别名，除了"杀手"奏鸣曲和常见的《暴风雨》奏鸣曲外，还有政治极其不正确的"酸菜"奏鸣曲。为了使学生能够掌握降 E 大调奏鸣曲对初始动机的速度处理，我的老师布鲁诺·赛德霍夫曾扼要地解释道："只要对着它唱'酸菜'，就不可能搞错这个动机。"因此从学生时代起，我就把它戏称作"酸菜"奏鸣曲，尽管这里头并没有什么酸溜溜的味道。事实恰恰相反。

1　即降 A 大调第十二钢琴奏鸣曲。

降 A 大调的谐谑曲甚至是一首"美味"的返场曲目，它的结尾异常淘气，演奏者绝不能被引导用渐慢来演奏，否则就会功亏一篑！

在第三乐章的小步舞曲中，我们会发现一处贝多芬明显的意图，它打破了演奏者们的习惯：他希望反复演奏小步舞曲部分时，两个段落都被反复。因为他知道，演奏者喜欢在返始记号（Da Capo）处省去反复的部分，因此便心生一计。他深谙演奏者们的小心思，于是就把自己想要重复的小节又写了一遍，用大白话来说，就是反复。

因终章里八六拍的"热情的急板"，这部作品因此也被称作《狩猎》奏鸣曲。的确，连绵不绝的律动追逐着演奏者——也令听众上气不接下气。这个乐章蕴含着势不可挡的能量，这部分得益于巴洛克时期的吉格舞曲（Gigue），但更多是归功于意大利南部的塔兰泰拉舞曲。

Heroische Töne

英雄之声

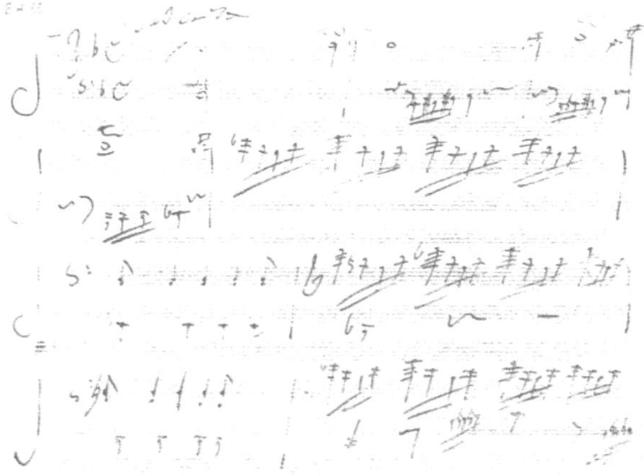

《普罗米修斯》变奏曲

　　如果看一眼贝多芬的速记本，我们就会因许多内容被留存下来深感欣慰，即使它们已经并不算完整，可至少能让我们从其惊人的波动性上对某些作品追根溯源。有些元素，越是富有独特的想象力，则越早在自发的灵感中展现出来，例如，《暴风雨》奏鸣曲[1]第一乐章的结构相对清晰，但从第二乐章开始，这份草稿中只标明了调式（Tonart），与之相比，最后乐章的主题在这里已十分清晰。据说这源于作曲家"夏日在维也纳附近的海利根施塔特逗留期间，看到骑手从窗外疾驰而过"而产生的灵感（车尔尼）。

　　通常情况下，将这些最初的灵感记录下来后，随之而来的就是一段缓慢而辛苦的工作过程。通过艰辛而细致的打磨、斟酌、修改、重塑许多细节，直至作曲家感受到乐曲内部达到的平衡为止。但通常到那时最初的兴奋感已所剩无几。同时，人们必须同意塞耶的观点：演奏《暴风雨》奏鸣曲的终乐章时，"最好忘掉那位骑手"。

　　又例如，通过贝多芬 F 大调六首变奏曲（Op. 34）我们能看到，在某些情况下，贝多芬是如何利用最初记录下来的想法通观整部作品的。在这里，我们能在关于这部奏鸣曲主题的最初想法旁，找到相关形式的、标题性的注释。贝多芬似乎从一开始就知

1　即贝多芬 d 小调第十七钢琴奏鸣曲（Op. 31 No. 2）。

道，从简单的主题中要发展出哪些特质——他在变奏曲间不断地变换速度（Tempo）与拍号（Taktart），仿佛想通过形式探索无限的空间："每首变奏曲都使用不同的拍号——或者当左手完成一个乐段的演奏后，右手立即进行相同的或另一个乐段的弹奏。"几乎在同一种"气息感"中，贝多芬已经写下了最后一首变奏曲的开始部分。此外这部作品的音程跨度同样令人着迷：贝多芬将两个五度循环圈（Quintenzirkel）旋拧交错（或者至少这些五度循环圈的一部分），并在此过程中不断转调。

当贝多芬将完成的作品交给布赖特科普夫与黑特尔出版社（Breitkopf & Härtel）时他提到：这部第 34 号作品与第 35 号作品——即我们今日所说的降 E 大调《英雄》变奏曲（Eroica）——一样，两者都是"以全新的风格进行了加工，每一种都用了不同的方式，我希望看到它们完美地融合在一起。在没有别的义务的情况下，两部作品一共只要大约 50 弗罗林的价格——请不要让我一无所获。我向您保证，这两部作品绝不会让您后悔——每个主题都以不同的手法处理。通常，只有当别人谈及我作品中的新想法时我才会意识到。但这一次我自己非常清楚，这两部作品的风格是我全新创造的"。

他其实并不需要强调后者：仅凭《英雄》变奏曲那宏伟的最终章节，加上其几乎狂喜般的主题升华，这些确实是"全新的"，并且只能是"贝多芬"式的。令人深受启发，甚至让人感到有些许安慰的是——我们今日对"新风格"自知自觉的评论，距离那份悲伤的"海利根施塔特遗嘱"还不算太遥远，那个深陷命运纠缠的绝望》男人，似乎是艺术让他得以战胜对生命的绝望。也许

《英雄》变奏曲（Op. 35）的手稿——事实上，当时"英雄"还没有谱曲，贝多芬以芭蕾舞剧《普罗米修斯的生民》为主题创作了变奏曲。因此，该系列更应该被称作"普罗米修斯"变奏曲（Prometheus）

160

他有意识要有个"新的开始"，从《英雄》变奏曲中迸发而出的生命力，让他跨入了一条崭新的道路。

然而，这里依旧存在对第 35 号作品标题的巨大误解，相较这部变奏曲，与之同名的《英雄》奏鸣曲创作时间要晚得多。同样，这部变奏曲的主题并非来自第三交响曲，而是取自芭蕾舞剧《普罗米修斯的生民》（Die Geschöpfe des Prometheus）[1]。1800 年，贝多芬为萨尔瓦托·维加诺（Salvatore Viganò）的歌剧剧本谱了曲，并于 1801 年 3 月在霍夫堡大剧院进行首演。

作曲家几乎可以说是爱上了这个在芭蕾舞剧中短暂出现的变奏主题，贝多芬还将其用于行列舞曲系列（Kontretänzen，WoO 14）[2]之中，作为其中的第七号舞曲。并且在交响曲中也将其处理成变奏曲形式，就如在第 35 号作品中一样，从低音开始，上升到一个在当时令人难以置信的高度。在此类交响乐式的变奏曲中，钢琴演奏的循环在结尾处不断上升，最后融合成一个统一整体，或者说一个"乐句"，对于我来说，相较那些著名的管弦变奏曲，这种听觉感受更为强烈。

c 小调第三钢琴协奏曲（Op. 37）

这部 c 小调协奏曲与《英雄》变奏曲几乎是同时完成的，这让贝多芬在很长一段时间内都为之忙碌。早在 1796 年，贝多芬

1　亦译作《普罗米修斯的创造物》。
2　即十二行列舞曲。

就完成了这部作品的初稿，直至 1800 年前两个乐章已大致完成。1803 年，为了能于 4 月 5 日在维也纳河畔剧院举行首演，最终乐章也被确定了，而在接下来的一年中，作曲家依旧在润色总谱。1809 年，贝多芬将这部作品第一乐章的华彩乐段，送给了自己的学生及朋友鲁道夫大公（Erzherzog Rudolph）。创作这部乐曲的过程并不像第 19 号作品那样艰苦，通过这部 c 小调协奏曲，我们看到的是一位技艺精湛的大师，他的风格与音乐语言自成一体。对于浪漫主义者而言这部钢琴协奏曲堪称完美，并在接下来的几十年中成为典范。

这是贝多芬唯一一部小调协奏曲，使用同一种调式的还有《悲怆》奏鸣曲及日后的第五交响曲（即所谓的《命运》交响曲[Schicksalsysphonie]），这可以让第 37 号作品位列神话之作，与莫扎特的两部小调协奏曲（KV 466[1] 与 KV 491[2]）地位相当。这部作品有一个 E 大调广板的中间乐章，这个与 c 小调相去甚远的调式，在整部作品中占有特殊地位。当然这是有先例的，让我们回想一下海顿后期的降 E 大调奏鸣曲，它也包含一个徐缓的 E 大调中间乐章。从五度循环的逻辑来看，这与贝多芬在他的 c 小调协奏曲中寻求的音程关系相同（c 小调与降 E 大调是具有相同调号的所谓"关系大小调"）。

值得一提的是，车尔尼让我们更好地了解贝多芬本人是如何弹奏广板主题的。他写道："在整个主题演奏的过程中，贝多

1　莫扎特 d 小调第二十钢琴协奏曲。
2　莫扎特 c 小调第二十四钢琴协奏曲。

芬保持踏板状态不变，这在当时音量较弱的钢琴上效果甚好，尤其是在增加了柔音踏板（Verschiebungspedel）的情况下。"文字间传递了丰富的信息，它告诉我们作曲家在这里想要怎样的声音。车尔尼这样描述它的特点："整个主题必须听起来像是悠远、神圣、非凡的和声。"他还补充了如何在更现代的钢琴上实现这种效果，而并非如贝多芬一般依靠踏板，因为"既然现在音变得更强了，我们建议在每次重要的和声变化时，保持延音踏板（Dämpfungspedal）的使用，以确保声音中间没有明显的空隙"。

车尔尼在他的评论中提到了 c 小调协奏曲的首演，它作为学院演出的一部分，于 1803 年 4 月 5 日在维也纳河畔剧院举行。按当时报纸所述，无论对新协奏曲，还是当时节目单上的前两部交响曲，抑或是清唱剧《基督在橄榄山上》，观众似乎都没有表现出特别的热情。由于对个人企业收取"更高的"入场费，演出总收入达到 1800 古尔登。贝多芬也让维也纳音乐协会知悉此事，让他们明白自己的价值。作曲家对自己协奏曲的票价预估要高于平常，无论是包厢还是大厅后排位置，价格都是平日的三倍，包厢预订费用为 12 古尔登。

通过一份彩排报告我们还能知晓，对于音乐家们来说与贝多芬一起彩排到底意味着什么：用我们的话来说，整个流程长得难以置信而且要求极高，在演出当天，早上 8 点就要开始排练，并一直持续到傍晚，音乐会紧随其后——这是今日难以想象的繁重工作量！

此外，大师可以调用维也纳河畔剧院的专业管弦乐团，这并非像人们所想那般顺理成章。我们今日所知的交响音乐会业

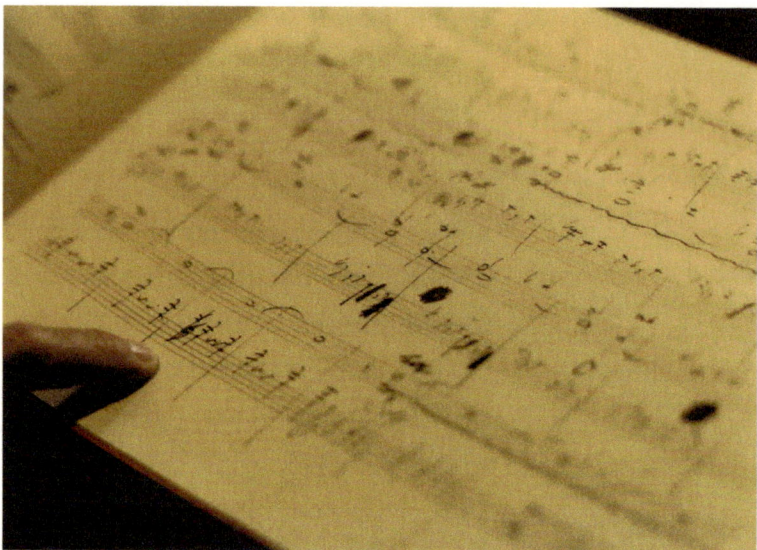

感谢上帝，许多手稿被保存下来。演奏者应该仔细研读摹本：在这一个位置上贝多芬清楚地写了"a"，而并非在许多印刷版本中读到的"as"。 使用 a 会使段落听起来更清晰、凝练

务，直至 19 世纪中叶才刚刚形成。就如同之前的莫扎特一样，贝多芬必须自己聘用乐团。在绝大多数情况下，他只能选择那些所谓的业余爱好者，即训练有素但不必以音乐为生的优秀音乐家们。

只有在没有表演的晚上，音乐会组织者才能召集剧院的音乐家，他们通常根本无须排练，因为日常的音乐练习已让他们可以达到必要的高水平：在莫扎特与贝多芬的时代，管弦乐通常只包含少量的、有关分句细节或弦乐技巧的附加条目，人们心知其意……

164

C 大调第二十一钢琴奏鸣曲（《华尔斯坦》）（Op. 53）

辉煌的快板 – 引子：极慢的柔板（F 大调）– 中速的小快板的回旋曲

(Allegro con brio-Introduzione：Adagio molto (F)-Rondo. Allegretto moderato)

创作于 1803—1804 年，于 1805 年出版（维也纳艺术与工业局）

献给费迪南德·华尔斯坦伯爵

1805 年，维也纳艺术与工业局出版了"献给驻扎于维恩斯堡（Virnsberg）条顿骑士团的华尔斯坦伯爵与 J. & J. R. A. 殿下的钢琴奏鸣曲，路德维希·范·贝多芬，第 53 号作品"。[1]

在完成作品的题赠后，贝多芬将《华尔斯坦》奏鸣曲的手稿交予学生卡尔·车尔尼，想让这位才华横溢的年轻人在视奏（Vom-Blatt-Spieln）技巧上显显身手。这个玩笑当然是成功的："从那时起，贝多芬一直对我很亲切，并十分友好地对待我，直至他生命最后的日子。"

"华尔斯坦"奏鸣曲的诞生向我们展示了作为"戏剧家"的贝多芬，即使到了最后一刻，他也依旧想要革新自己的艺术想法。这部作品原计划由三个乐章组成，但贝多芬取出了原本的 F 大调行板中间乐章，并于日后将其命名为"可爱的行板"

1　法语原文为："Grande Sonate pour le Pianoforte, composée et dédiée à Monsieur le Comte de Waldstein Commandeur de l'ordre Teutonique à Virnsberg et Chambellan de Sa Majesté J. & J. R. A. par Louis van Beethoven. op. 53."

（"Andante favori"），作为独立作品出版面世。

在如今这部作品缓慢的中间乐章部分，贝多芬创作了一个简短的"引子"（"极慢的柔板"），以此来过渡到回旋曲的终乐章。突然间，我们看到的是一部两乐章奏鸣曲，在这两个极为重要的"快板"乐章间（"大奏鸣曲"的表述看来是绝对合适的），仅仅通过插入一个简短的"柔板"将其分开。

通过这部作品开头跳动的 C 大调断奏，听众就能了解到创作一部交响乐式的奏鸣曲结构需要耗费多少时间。转瞬即逝的动机错乱纷飞，直到它能够成为人们所说的"主题"，一个非常"复杂的主题"，后来安东·布鲁克纳（Anton Bruckner）[1] 在他的交响乐作品中也吸取了这个形式。

这样，就产生了一个长段的，由许多渐强、再渐弱的连音所构成的向上级进，紧随其后的是一个平静的和声的副部主题，这种反差形成了强烈的对比，贝多芬在此将许多经典形式的规则置诸高阁。其次，如果冷静思考的话，在奏鸣曲动人的开场中，真正的对比冲突部分是在 E 大调，我们已经习惯了在奏鸣曲的"主部主题"中从主调（Grundtonart）变化到属调（Dominante）——因此，这儿本应从 C 大调到 G 大调。然而，G 大调并没有出现，经过短暂的转调后，又回到了主调，贝多芬带领我们从 E 大调，经由 a 小调再回到 C 大调。因此在这个乐章的中部，即所谓的"展开部"中加入进了主调。然而，这些备受赞誉的古典主义的形式规则，是在贝多芬离世许多年之后，

1　1824—1896，奥地利作曲家、管风琴演奏家、音乐教育家。

贝多芬的记号精确到休止符（Pauseensetzung）。在《华尔斯坦》奏鸣曲的终乐章中，我们发现了八分休止符－四分休止符的写法，并在相对的位置找到了三个单独的八分休止符，这基本是一回事。在后一种情况下，它不会成为踏板调节必须结束的标志，作曲家不会无意为之。

才由音乐学家们制定出来。

在终乐章中，我们能发现许多贝多芬的演奏艺术技巧：左手的交叉弹奏、细腻的滑音（Glissando）段落以及一种全新而精巧的颤音（Triller）演奏技艺——钢琴演奏者必须做到使用任意手指组合弹奏颤音，并且用同一只手其余手指来演奏旋律！

尤为棘手的是开头与结尾部分：贝多芬要求两处都不能松开踏板。在主部主题中，大调和小调和声逐渐交融，形成一个有意为之的、"浑浊的"声雾。结尾处虽然和声并没有变化，但必须要注意快速节拍：不要犯任何一个错误——否则和谐的 C 大调将变成不协和音，结尾不了了之。

F 大调第二十二钢琴奏鸣曲（Op. 54）

小步舞曲速度－小快板

tempo d'un Menuetto-Allegretto

创作于 1804 年，于 1806 年出版（维也纳艺术与工业局）

对于所有观察者来说，这部第 54 号作品都让他们感到困惑：它看起来很"小"，尤其是夹在两部钢琴巨著，即"华尔斯坦"奏鸣曲与"热情"奏鸣曲之间。从广为流传的第一篇乐评中，我们就能读出一二。1806 年在《共同音乐报》上，一位匿名评论员这样写道："这首奏鸣曲仅由'小步舞曲速度'乐章和一小段'小快板'组成，两者都很难，它们通过独创的思想和已是很成熟、和谐的艺术被创作出来，但同时又都充满了异想天开。"甚至在一些同时代的人眼中，这部作品是"未完成的"。有人猜测，或许贝多芬是在出版商的敦促下，"向公众交付了一份研究片段"。

从第一乐章开始，车尔尼就认为："该乐章完全偏离了通常的奏鸣曲形式，采用了某种老式的，却依然独特风趣的风格。这种尤为庄重的特性，必须通过扎实、有力的果断表达进行呈现。"它并非一部优雅跳舞的小步舞曲，而是使用"小步舞曲速度"。这是完全不同的！

对于极其有力，甚至可怕的、渐强的无穷动第二乐章，车尔尼还强调道："这个妙趣横生的终乐章，在不变的快速行进中不间断推进，形成了一部厚重而绚烂的乐曲，它突出了风趣巧妙的模进和层层推进的效果，对于任何优秀的钢琴家来说，它都是一部极佳的练习曲。"

这的确是"极佳的练习曲":仅在第一乐章很长的一个段落中,就需用极快速度演奏恼人的八度和六度,今日的演奏者也依旧为此竭尽心力。在这里,历史上与现代所用三角钢琴之间的差异变得非常明显:由于贝多芬时代的钢琴音量较小,也许会更容易应对此类挑战。

除钢琴演奏方面的挑战外,关于贝多芬变化多端、富有想象力的即兴钢琴演奏风格,"小步舞曲速度"乐章便是另一个迷人的例子。只需看看奏鸣曲开始部分的"小步舞曲弱起小节"即可。它在这一乐章中多次重复出现,并每次都被重新"诠释"、装饰,蔓延出华丽的装饰音。它的音色愈加饱满,直至最终以歌唱式的华彩乐段呈现出来,就像在歌剧舞台上那样。紧随其后的是用重复的和弦演奏的美妙的终乐章,并由"很强"回到"很弱"。迷人的结尾后是无穷动式的尾声,其律动永不止息。音乐中散布着迷人的强调弱拍(Off-Beat)效果,给人带来某种摇摆感。

另外关于历史乐器:在当代诠释中,可以补充一些贝多芬时代乐器没有的、响亮的低音八度,这并不损害乐曲风格。

Appassionato

热 情

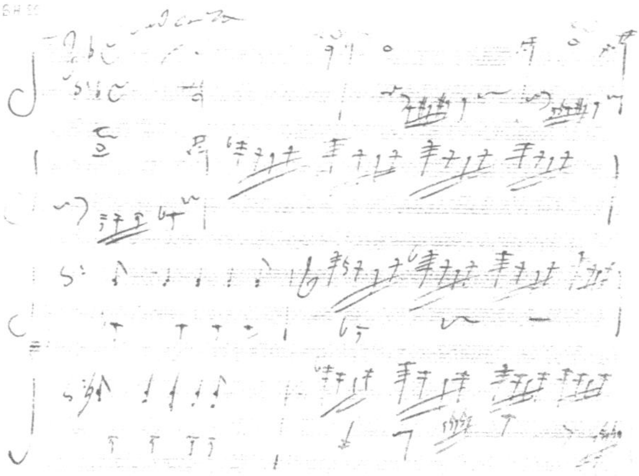

剧院作曲家

人们常会忽略：直至 1802 年，贝多芬半数以上的钢琴奏鸣曲已经发表——可是在那时，除了一些相关学院外，这些作品作为一种音乐现象只涉当时的精英圈子。在维也纳最初的十年中，这位作曲家几乎只在贵族圈里活动，最初，他在里希诺夫斯基家族如宫廷乐师一般表演，并被其如家人般对待。不知何时起，他对着这些有如"用祖母的爱般……进行的关怀"有些不堪重负，这种关爱"是如此深远，甚至有时会觉得，这位侯爵夫人想把我用玻璃罩子给罩起来，避免我受到不应该的接触和非议"。这里所说的"祖母"可能指两位女士：卡尔亲王的夫人克里斯蒂娜（Christine），或是她的母亲，图恩伯爵夫人。

凭借着这种魅力，贝多芬在贵族圈中慢慢崛起——被聘为歌剧作曲家就是一种尝试，但由于种种原因，这种尝试并没有，或至少是没有立即成功。政治因素是《费德里奥》在维也纳剧院失败的主要原因——首演那时，拿破仑的军队占领了这座城市，当时观众席中坐着的几乎都是法国军官，但只要是音乐爱好者就会对这剧情十分熟悉，因为相同的作品（被谱以不同的音乐）已经在巴黎被搬上舞台！——但同样是政治原因让贝多芬在维也纳受到真正的欢迎。1809 年，拿破仑第二次征服维也纳，可没过几年，他在欧洲的统治就宣告终结。为恢复被推翻的王朝，"维也纳会议"（Wiener Kongress）恢复了旧时欧洲的秩序——贝多芬也因此创作了政治性标题音乐。

172

威廉·尼古拉·马斯特兰德（Wilhelm Nicolai Marstrand，1810—1873）绘制的"音乐晚会"

在 1804 年，维也纳剧院为贝多芬提供了工作居所，但他渴望有一个更为宽敞的住处，因此，根据里斯的建议他找到了莫尔克棱堡（Mölker Bastei）[1]。这座登记为"城市 1166 号"的建筑位于今日的棱堡大街 8 号。当时，它属于约瑟夫·本尼迪克特·冯·帕斯夸拉蒂男爵（Joseph Benedikt von Pasqualati），虽然男爵很高兴这位著名的作曲家想在这里落脚，但紧接着，贝多芬就给他制造了麻烦。里斯向作曲家推荐这个地方，是因为他知

---

[1]　曾为维也纳城防体系的一部分，存在于 1531—1871 年间。

道贝多芬偏爱从棱堡向外看的宽广视野。实际上从这位大师所居住的四楼向外眺望，视线可以穿过城郊直至维也纳森林，但他还想欣赏到普拉特河谷（Prater-Auen）的景色。因此，正如贝多芬朋友斯特凡·冯·勃罗宁的儿子吉尔哈德·冯·勃罗宁回忆的那样，贝多芬干脆叫来了瓦工，在朝北方向的墙上开了一扇窗。但那是一道防火墙！看门人被惊动并阻止了这场违规的破坏，工人们拆除了未完成的搭建——贝多芬也因此搬回了剧院。

但是，对于"帕斯夸拉蒂之家"美丽房间的回忆萦绕于怀，没过多久，他就询问男爵可否允许他搬回来。贝多芬获得了允准，帕斯夸拉蒂对这个脾气易怒的天才宽怀大度，贝多芬四次搬离了这里又四次再度回来！有一天，男爵这样给他的看门人交代："这里不要出租，贝多芬还会回来。"

他回来了：在 1805、1806、1807，还有一次是 1810 年。他的视线透过窗户穿过市郊，直抵维也纳森林一览无余；荒唐的是，他还能到自己日后生命终点时离开这个世界的地方，即位于市中心大门前的施瓦茨史班尼亚尔之家（Schwarzspanierhaus，位于施瓦茨史班尼亚尔大街 15 号 [Schwarzspanierstraße 15]）。

1808 年，贝多芬不住在帕斯夸拉蒂家中，而是住在安娜·玛丽娅·冯·埃德迪伯爵夫人（Anna Maria von Erdödy）家的翼楼中，那里满目绿色，从 1813 年至 1815 年间，他在巴滕施泰因之家（Bartenstein-Hauses）（如今门牌号为 94 号）的二楼反复出现，但莫尔克棱堡的那处居所，始终让他念念不忘。

f 小调第二十三钢琴奏鸣曲（《热情》）(Op. 57)

很快的快板 - 流动的行板（降 D 大调）- 不过分的快板

Allegro assai-Andante con moto (Des)-Allegro ma non troppo

创作于 1804—1805 年，于 1807 年出版（维也纳艺术与工业局）

赠予弗朗兹·冯·布伦斯维克伯爵（Franz von Brunsvik）

这部作品在当时定然造成巨大震撼，从第一个音符开始！ 徐缓渐进的开始，紧跟的是最愤怒的爆发——我们终于看到了"巨人"贝多芬，那位传奇的抗争大师。对于作曲家而言，这部 f 小调作品可以算是他最"大型"的奏鸣曲——至少是第 106 号作品（即所谓的《槌子键琴》奏鸣曲）问世前，那部作品将在近 15 年后惊艳世界。

就其形式而言，这部在当时已被称作"热情"的奏鸣曲的确与第五交响曲，即《命运》交响曲有所关联——这名字如此令人注目，使得在此后的百年之中，成为人们对贝多芬的印象。第五交响乐开始的"命运主题"已经成为一代又一代人，包括那些与"古典音乐"并无关系之人心中，对于"严肃音乐"交响曲的代名词。这种"命运主题"同样见于《热情》奏鸣曲中。那相同韵律的"叩击节奏型"，就如在交响曲中那般，尤其是在第一乐章的展开部中颇为重要。它变成一种充满神秘的、如执念般的循环往复，并在这重复中同样神秘地，甚至是静谧无声地、潜行至乐曲开始处旋律的重现。

与许多早期的奏鸣曲一样，在这里，我们同样能看到这种骤然的对比效果——如"很弱"之后的"突强"，随后又出现了"柔美的"。比如在降 A 大调中，给热烈的初始问题一个温柔的回答。在这里，我们看到的贝多芬是一位深谙变换之道的艺术家：他令我们置身于一个令人欣喜的，却截然相反的世界，同样在这音乐中，紧随其来的就是狂怒汹涌的效果，而当转为大调后，它又有截然不同的表达功用。

从钢琴演奏的角度来看，要精确控制这里的力度，这些华丽的对比冲突：喧闹与宁静，低语与咆哮，可这也容易让人忽略一些细微之处的差别：贝多芬在何处标示了"强"？哪里是"很强"？哪里又是"弱"抑或是"很弱"？在这里，必须要能听出明显的差别，否则特别有力的段落也会变得乏味："强""很强"，然后是一个需要特别标注的、剧烈攀升的"突强"，这甚至会让人感受到一丝悸痛！在这里，我能体会贝多芬的音乐带给同时代人多么强烈的冲击。

这同样与在早期奏鸣曲中着重强调踏板的使用有关：当人们如作曲家规定那般，在发展部的高潮部分保持踏板状态的话，将会产生"剧烈的"和声干扰。在第一乐章的结束部分，同样希望有这种效果："弱"、"很弱"、"更弱"（piu piano）、"极弱"（ppp）直至消失——但它却是从一个 f 小调和弦的"很强"中发展出来的，并且绵延不绝。这近乎一种先锋派的声音表达，从这其中，第二乐章天衣无缝地发展出来：我会立即用"开始下一章"引入至"流动的行板"中——同样，我也会这样平滑地过渡到终乐章，使之与"行板"结尾不和谐的和声韵律相融。

通过一个引子最终迎来了"不过分的快板"——这与许多贝多芬作品的最终乐章一样。这个引子有最强有力的节奏，并在急剧的发展中逐渐攀升，直至最终迎来了被钢琴行话称作贝多芬的"查尔达什"（Csárdás）[1] 时刻——这是一个位于结尾"加速"（Stretta）标记之前的乐段，它的速度又一次加快，将此乐章无穷动的特征发挥到极致。同样在这部奏鸣曲中，当演奏完终止和弦后要保持踏板状态。在最后的四分休止符上有明确的延长符号，但已深陷于演奏狂热之中的人，常常会忘记它。

此外，里斯还曾记述了"热情"奏鸣曲终乐章的创作过程，如果我们愿意相信这些描述的话，它的灵感源于那些经常进行的户外活动。

那是一次差不多的散步，但我们却迷失了方向，直至晚上 8 点，我们才回到贝多芬在德布灵（Döbling）[2] 的家中。一路上，他都在自己哼唱，甚至有时非常大声，此起彼伏，唱着没有特定谱子的旋律。当我问他在唱什么时，他说"我突然想到了奏鸣曲最后快板的一个主题"——当我们走进房间后，他顾不上摘掉帽子就径直走向钢琴。我坐在一个角落中，他瞬间就忘记了我的存在。至少有一个小时，他都因奏鸣曲全新而优美的旋律激动不已。最终，他站起身来，却因看到我还在那里而感到惊讶："今天不能给您上课了，我必须要继续工作。"

1　指由意大利作曲家、小提琴家维托里奥·蒙蒂（Vittorio Monti）所创作的查尔达什舞曲，流传十分广泛。
2　位于维也纳市的最西北处。

这是一份 1804 年的记载，它或许与日后辛德勒的相关叙述相悖，即《热情》奏鸣曲创作于 1806 年贝多芬在匈牙利布伦斯维克家中客居之时。这当然也有一种可能，即贝多芬在那时写下了这部作品的最后一笔，并完成了最终定稿。因为通常情况下作曲过程会历时很长，这部奏鸣曲也同样经历了很久的创作时间。但无论如何，除了歌剧《费德里奥》外，所有乐章的草稿都可以找到——这意味着这个终乐章的最初灵感，可能真的诞生于贝多芬 1804 年夏日的那次散步途中。

说起《热情》奏鸣曲，就不得不提起女钢琴家玛丽·比戈特[1]（Marie Bigot），这位比作曲家年少 16 岁的艺术家原名玛丽·基内（Maria Kiené），1804 年，她与在拉祖莫夫斯基亲王处任图书管理员的丈夫一同来到了维也纳。并于 1806 年根据作曲家手稿演奏了这部 f 小调钢琴奏鸣曲。她的钢琴技艺必定十分高超，因为考虑到用的是贝多芬的手稿，这可称为小小的奇迹。但是，如果演奏没有给作曲家留下非常深刻的印象，他是不会把自己亲手写成的总谱送给钢琴家的！三年后，玛丽·比戈特前往巴黎。

在 1804 年至 1806 年间诞生了两部钢琴协奏曲，即 G 大调第四钢琴协奏曲（Op. 58）和写给钢琴、小提琴、大提琴的 C 大调三重奏协奏曲（Op. 56），那是一部采用古典主义风格形式的，对巴洛克"大协奏曲"的致敬之作。20 世纪下半叶，那些致力于实践历史演出形式的表演者们常常会感到困惑：维也纳古典主义时期的管弦乐团究竟是什么规模。那个时代的资料虽已提

---

1 1786—1820，法国钢琴家、作曲家。

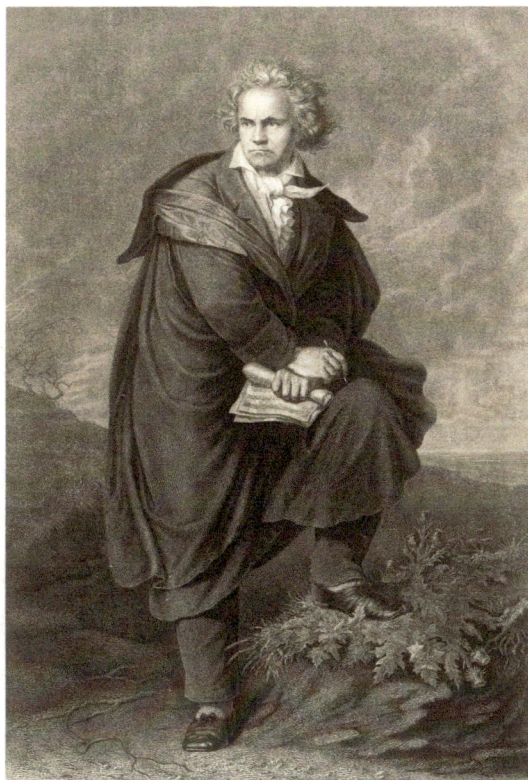

贝多芬留给后人的英雄形象，与我们对贝多芬音乐的诸多聆听体验相悖。弗里茨·施沃勒（Fritz Schwörer，1833—1891）所绘"暴风雨之景中的贝多芬"

供了详实的相关信息——但就此对阵容的问题下结论还为之尚早。管弦乐团的人数在上下波动——唯一可以确定的是：作曲家偏爱更大的大厅，在那里可以指挥人数众多的乐团，对于莫扎特来说同样如此。他曾在一封写给父亲的信中夸耀道，他的《林茨》交响曲（Linzer）[1] 在维也纳演出时，乐队中共有 40 名小提琴手（！）。

同时还需想到的是，当时有些演出场地究竟有多小。根据费迪南德·里斯所言——《英雄》奏鸣曲曾在洛布科维茨宫（洛布科维茨广场 2 号 [Lobkowitzplatz 2]）的大厅中多次演奏——由此可想而知。也正因如此，这个演出地今日被称作"英雄大厅"（Eroica-Saal）。如果想要知道这部作品最初演出的声音效果，那一定要来这个大厅：那是一个石质大厅，大小也许仅仅、真的仅仅比大型音乐厅的舞台大那么一点。但是在 1805 年，这里却的确容纳了管弦乐团和观众。若是维也纳河畔剧院或者是城堡剧院的大型阵容的话，在这里根本无法想象。

直至第九交响曲问世，在此之前，《英雄交响曲》是贝多芬规模最大、时长最长的交响乐作品。这部作品不仅在它的受赠者洛布科维茨府中演出，1805 年 1 月 20 日，这部作品也在银行家约瑟夫·维特（Joseph Würth）位于霍赫市场（[Hoher Markt]）的音乐沙龙中演奏过——如今人们认为，那次演出才是本作品真正的首演，而演出地比"英雄大厅"还要小！

1　即莫扎特 C 大调第三十六交响曲（KV 425）。

安能"摧眉折腰"

　　那是 1806 年 11 月的一天，一场政治闹剧点燃了贝多芬倔强的灵魂，这位曾经法兰西共和国第一执政的疯狂拥护者，早已成为拿破仑皇帝统治下对君主复辟的激烈反对者，法国士兵让他感到厌恶。1806 年秋天，作为朋友与赞助者的里希诺夫斯基邀请这位作曲家前去他的波希米亚庄园。有天晚上，他请求贝多芬为一小群人表演，他们其中绝大多数是法国军官。接下来的一幕如电影般荒诞：作曲家断然拒绝了要求，并把自己锁在房中，避免"奴颜婢膝"侍人。亲王震怒，在高声争执中他想强迫贝多芬出现在沙龙中，争吵间他踹开了贝多芬的门。弗朗兹·冯·奥珀斯多夫伯爵（Franz von Oppersdorff）这位第四交响曲的受赠者及贝多芬音乐的崇拜者，调停争吵双方，避免让贝多芬的处境更糟。但贝多芬却已经举起了一把椅子，准备用它砸向里希诺夫斯基的头！

　　或许故事并没有如在场者描述的这般戏剧化，但毋庸置疑的是，当天晚上贝多芬悄然离去，回到了维也纳。无论如何：多年来，里希诺夫斯基一直给他提供了丰厚的"赞助金"——也并没有对他的音乐家生气太久。在此后的一些年中，他仍会造访贝多芬的住处。有时，当作曲家因忘我工作而忘却身在何时、身处何地时，他只会静静坐在房间角落中。辛德勒就曾描述过一次这样的亲王拜访，这在音乐史中也许都绝无仅有：

Beethoven-Haus in Heiligenstadt, Grinzingerstraße 8.

并无署名的木版画，向我们展示了位于海利根施塔特的"贝多芬格里帕泽故居"

　　亲王习惯了经常去工作室看望他的宠儿，对于这种单方面决定的突然造访，他要留意自己的出现不要打扰到大师。在致以早安后，亲王习惯性地随手翻看乐谱，看大师工作了一会儿后，他友好地道声"再见"，然后就转身离开了。但即便如此，这样的来访仍旧困扰着贝多芬，有时他会关上房门。执着的亲王又一次来到三层，但他看到了坐在前厅等候的裁缝仆人时，这位亲王殿下也坐在了一旁。不知过了多久，直至房门打开，这位亲王友好地上前与音乐家打招呼，他的心愿才得以满足。

在那次波希米亚庄园插曲的一年后，贝多芬又一次愤怒离去——这一次是从艾森斯塔特（Eisenstadt）[1]，在那里，他为埃施特哈齐侯爵夫人洗礼日的庆典创作了 C 大调弥撒曲[2]。贝多芬又一次追随了海顿的脚步，对方也曾谱就六部伟大的弥撒曲，履行了他作为亲王乐队长最后的"公职"。这位举世闻名的大师，虽然看起来一直在埃施特哈齐家族宫廷身居要职，但实际上早已离开。他的身体状况太差了，无法继续创作大型合唱作品。他授意自己的学生贝多芬——用一种他仅仅使用过一次、并不容易掌握的风格进行谱曲——但据说最终迎来的是亲王批判性的询问："我亲爱的贝多芬，他到底又做了些什么？"而这位"亲爱的贝多芬"因此愤然离开。

他用一次又一次的离去，威胁他的贵族资助人们。失望始于 1807 年初，当时，他那份关于皇家宫廷剧院作曲职位的申请，甚至被认为没有答复的必要。他要每年创作一部歌剧——以及剧院需要的其他内容。但毕竟，维也纳是他的城市，因为"在这里他度过了许多年时光，得到社会从上到下给予的偏爱与欢呼，希望他可以实现心中所有渴求，并获得好运。甚至可以说，那源于德国人的爱国精神，让他在这里相比任何一个别的地方，都更有价值、更值得被期待"。

关于歌剧的计划不了了之，因为更宏大的计划让他在这个人生阶段没有继续创作钢琴作品。除 C 大调弥撒曲外，他还创作了第五交响曲、第六交响曲、《科里奥兰》序曲（"Coriolan"-Ouvertüre,

---

1　距维也纳南约 50 公里，根据其意或译为"铁城"。
2　即《庄严弥撒》（Op. 86）。

Op. 62）及《合唱幻想曲》（Chorfantasie，Op. 80），这其中至少有钢琴独奏。此外，许多评论家认为这是对第九交响曲的准备工作：在协奏曲形式的过程中加入人声，并以真正的即兴独奏作为开端。

1808 年的夏天贝多芬又是在海利根施塔特度过的，这一次是与格里帕泽一家，当时他们家的儿子只有 17 岁——日后此人成为奥地利最重要的诗人之一[1]。后来演员海因里希·安舒兹（Heinrich Anschütz）在贝多芬墓前的悼词就出自他手（顺便一提，那经过了明显的个人修饰）。

但让我们驻足于 20 年前，静静倾听这位大师在翼楼中是如何即兴演奏的，又是如何尝试新的主题，并进行加工的。或者更确切地说，偷听者是格里帕泽夫人。她借助于分隔两屋的狭窄通道，直至贝多芬突然发现了她，他摘下帽子，怒不可遏地离开了。他痛恨有人在他工作时监视他。虽然格里帕泽家再三保证，不会有人再使用这个通道，并且不会有访客打扰到他，但已于事无补。贝多芬再也不碰他的乐器了，直至秋天人们准备回到城市之时。

格里帕泽夫人在她冒险的偷听中，听到了些什么呢？是第五交响曲的片段，抑或是第六交响曲，即那部也被称作"田园"的交响曲？与同名奏鸣曲不同——它的这个名字来自于贝多芬本人，并且的确是受到了田园生活的启发。如贝多芬的助理辛德勒所述，F 大调交响曲的第二乐章，即所谓的"溪边小景"乐章，其最初的灵感的确是大师在某次散步途中得到的。他们当时沿

1　即弗朗茨·泽拉菲库斯·格里帕泽（Franz Seraphicus Grillparzer，1791—1872），奥地利剧作家、诗人。

溪水而行的那条小路，今日被称作"贝多芬小径"。这会是真的吗？贝多芬曾这样写到：他的音乐"比图像更能传递情绪"，以此避免对他的作品进行过多形象化描述。

同样是在这段时间，诞生了贝多芬第四钢琴协奏曲及所谓的《合唱幻想曲》——这四部作品都于次年冬天作为贝多芬学院音乐会的一部分，在维也纳河畔剧院迎来首演。

维也纳的演奏会生活

无论如何，《合唱幻想曲》对于我们来说都是令人激动的，因为在乐曲首演时，贝多芬即兴演奏了钢琴声部——记谱始于管弦乐团及之后的合唱部分。为了出版，作曲家必然需要详尽地写下作品开头的独奏部分。在这其中，是否会包含 1808 年冬天在维也纳河畔剧院的表演内容？或者，是否就是这其中的某些内容，曾经让那个时代的人为之发出惊叹？

但无论如何，我们都能将《合唱幻想曲》的开始部分，视作作曲家亲手为自己即兴创作所立的里程碑。首演之际，作曲家与乐师们发生了激烈的争吵，据说是因为作品中单簧管的某个位置出现错误所致。值得同情的是，乐谱在演出快开始前才送到音乐家手中。乐曲在最后一刻才完成，几乎没有任何时间进行排练——大师的怒火有些无端地发泄在乐师们身上，他们还需在并不算理想的情况下，努力发挥出自己的最佳状态。我们所知的现代音乐会行业中的管弦乐团，在那个时代并不存在。而现今已成为全球性产业的公民音乐会生活，是于 19 世纪才被"发明"出

185

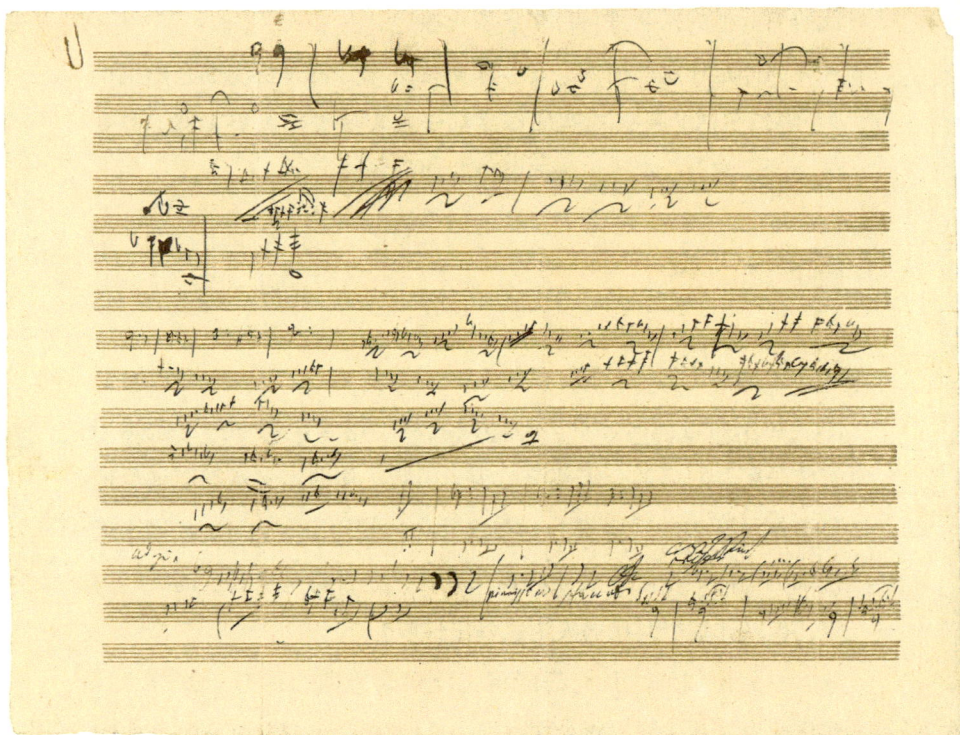

降 E 大调钢琴协奏曲草稿

来的。无论莫扎特还是贝多芬，都要为自己的"学院"寻找乐手——通常情况下，这些人都来自剧院，那里为了例行演出配有固定的演出设备，并且也有自己的管弦乐团。（即使是今日的维也纳爱乐乐团或德累斯顿国家管弦乐团 [Staatskapelle Dresden]，也都是在贝多芬去世多年后从各地的歌剧剧院如维也纳国立歌剧院 [Hofoper in Wien] 和德累斯顿森柏歌剧院 [Semperoper in Dresden] 阵容中脱颖而出，成为定期演出的职业乐团。）在举行学院音乐会期间，贝多芬住在埃德迪伯爵夫人家中的一处住所里：他们彼此非常欣赏，贝多芬称这位因坎坷命运而瘫痪的、25 岁并拥有三个孩子的母亲是他的"告解神父"——他将以第 70 号作品为编号的两部钢琴三重奏[1]（及后来写给大提琴的第 102 号作品）献给了她。

三重奏作品同样是在伯爵家中进行的首演，这里每周四都会有例行演奏，舒潘齐格常会一起表演。伯爵夫人与贝多芬所居之处都属于里希诺夫斯基亲王。在此期间，他将舒潘齐格以"宫廷乐师"的身份，介绍给了俄国特使拉祖莫夫斯基伯爵。贝多芬为他创作了三首弦乐四重奏（Op. 59）[2]——应伯爵的要求，他还在其中加入了俄罗斯主题。舒潘齐格一直是首演的赞助人。他与路易斯·西纳（Louis Sina）、弗朗茨·魏斯（Franz Weiss）和约瑟夫·林克（Joseph Linke）共同开创的四重奏，是今日专业四重奏阵容的雏形，也为我们今日遍布世界各地、众多的四重奏表演内容，奠定了基础。

1　即 D 大调第五钢琴三重奏《鬼魂》和降 E 大调第六钢琴三重奏。
2　即 F 大调第七弦乐四重奏、e 小调第八弦乐四重奏和 C 大调第九弦乐四重奏。

还需一提的是，在这两部献给埃德迪伯爵夫人作品的首演中，舒潘齐格都表演了小提琴部分。

臣服海顿

卡尔·车尔尼将这部编号为第 70 号作品的三重奏视作一个转折点：

贝多芬第二个时期的作品在风格、精神、思想、处理上，都与第一时期存在巨大差异。如果人们将这部 10 年后写成的三重奏与之前作品进行比较的话，一切一目了然。

思想的原创性创造了一个新的天地，当演奏者用不同的方式，对这部后期作品进行解读，将更多地从整体效果角度去思考，把每部乐曲作为一幅特点鲜明的绘画来呈现。在这幅画作中，只有一个主要思想居支配地位，没有插曲般的乐思或华彩乐段将其分散。

1808 年 3 月的维也纳，一场对这个音乐之城编年史有至关重要意义的清唱剧即将上演。用我们今日的话来说——为了庆祝海顿的 76 岁生日（这在那个年代被视作玛土撒拉[1]般的高龄），疯狂崇拜者一样的乐迷们举行了一场关于其"作品"的演出，老大学礼堂（[Aula der Alten Universität]，现在仍可参观）就是那场难忘的演出的舞台。海顿乘轿而出，埃施特哈齐侯爵夫人（贝多芬为其

---

1 据希伯来语旧约《圣经》记载，玛土撒拉是亚当第 7 代孙，在世 969 年。

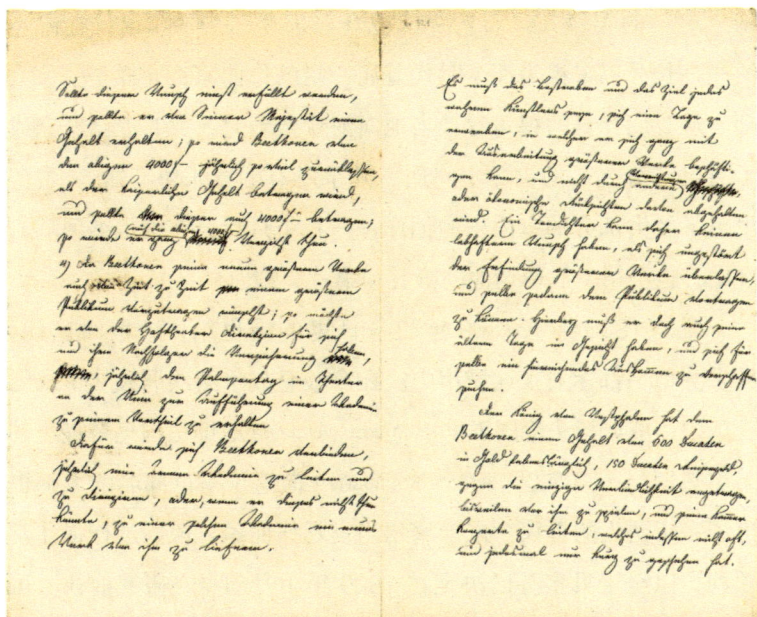

贝多芬与鲁道夫大公、费迪南德·金斯基亲王（Ferdinand Kinsky）、弗朗茨·约瑟夫·洛布科维茨亲王（Frenz Josepf Lobkowitz）的合同草案；作曲家同意回绝威斯特法伦国王（拿破仑的弟弟）的邀请并留在维也纳。作为回报，他希望终生得到每年 4000 古尔登的资助，并享有自由艺术旅行的权利，升任帝国乐队队长，并被允许在维也纳河畔剧院举行一年一度的学院演出

创作了被委托人颇为误解的 C 大调弥撒曲）令礼官将她的围巾盖在海顿膝上。海顿曾在埃施特哈齐府任职一生，那时已成为享誉世界的权威备受尊敬，他不能被冻到了。当时在现场的人们称，路德维希·范·贝多芬也出席了那场音乐会，不仅如此，他还跪在年迈的老师膝前，亲吻了他的双手。那是一个音乐史上近乎神奇的时刻，在场的人也能感受到并为之欣喜。因为跪在那里的，并非那个从波恩初到此地默默无名的，要从"海顿手中接过莫扎

特之魂"的年轻人，而是一位被众多乐迷——并非仅仅在维也纳——长久以来视为那个时代首屈一指的作曲家，同样是一位大师。从我们今日的视角看：当他向海顿致敬时，那时他已经完成了自己三分之二的钢琴奏鸣曲、几乎所有的器乐协奏曲、《费德里奥》及大部分的室内乐的创作——几个月后，在维也纳河畔剧院中，也会第一次奏响他的第五和第六交响曲。

那是 1808 年末 1809 年初冬日里的维也纳，一段时间内，贝多芬似乎都迷失在这城市中。在拿破仑战争给欧洲大陆带来的变革中，威斯特法伦国王（König von Westfalen），即法国皇帝最小的弟弟热罗姆·波拿巴（Jérôme Bonaparte）向这位举世闻名的大师提出了一个诱人的提议：来卡塞尔当宫廷作曲家。谈判进行得非常顺利，以至于贝多芬已决定在 1809 年 1 月动身，搬家前往。可就在那时，维也纳贵族阶层活跃了起来，作曲家热心而忠实的学生鲁道夫大公、金斯基亲王及洛布科维茨向这位大师提供了终生资助：贝多芬可以持续从他的贵族赞助者那里每年获得 4000 古尔登。从音乐史角度看，维也纳城提供的这一"资助"，保证了维也纳古典主义的最终形成，否则这一切将会在威斯特法伦上演，那时可能就要叫卡塞尔古典主义了……

在能够有经济保障的情况下继续留在维也纳，明朗的前景让贝多芬的心情大好。他喜悦地给伊格纳茨·冯·格莱兴施泰因男爵（Ignaz von Gleichenstein）写信："能否请你帮我介绍一位伴侣，若你在弗赖堡能遇到的话，一位能对我的和弦发出赞叹的美丽女子。"无论如何，贝多芬奏鸣曲创作漫长的停滞期结束了。很快，在 1810 年，伦敦的克莱门蒂（Clementi）就出版了新的曲子。这

约翰·巴普蒂斯特·冯·兰皮笔下的特蕾
莎·布伦斯维克

音乐热情四溢，引起了诸多猜测。因为这部用特别的调式谱就的
钢琴奏鸣曲（Op. 78），是献给特蕾莎·布伦斯维克的，她也成为
被后世认为的、被称作"不朽的爱人"的众多女子之一。

升 F 大调第二十四钢琴奏鸣曲（Op. 78）

如歌的柔板转不太快的快板 – 活泼的快板

Adagio cantabile /Allegro ma no troppo-Allegro vivace

创作于 1809 年，于 1810 年出版（克莱门蒂，伦敦）

献给特蕾莎·布伦斯维克

克莱门蒂委托作品

人们一直讨论的都是那部升 c 小调奏鸣曲！但我确确实实有

比那更好的作品，因为升 F 大调奏鸣曲它如此不同！

根据车尔尼的描述，贝多芬是这样评价他第 78 号作品的。他将其与很受欢迎的《月光》奏鸣曲进行对比——这是这位大师的典型做法：为将一部作品保护于羽翼之下，他会将它与另一部已成名的、被经常演奏的作品进行比较。正如我们所知，第八交响曲也有一次被说成是"优于"更出名的第七交响曲。

直至今日，这部升 F 大调奏鸣曲依旧备受冷落，是 23 部奏鸣曲中极少被演绎的作品之一——其中，对烂漫诗意音符的执着，听起来如同一份如歌的爱情宣言。当你聆听这首作品，你会相信，一如许多评论家所说那样，这部作品的受赠者特蕾莎·布伦斯维克，定然是那位传奇的"不朽的爱人"。依今日的研究状况，对此依旧有许多反对观点——不仅是基于事实，即因客观困难贝多芬无法向对方致以敬意，这也许让贝多芬并不奢望，特蕾莎可以成为自己的爱人。

无论怎样，这部作品的一些乐段——尤其是在"活泼的快板"部分，是作为练习曲创作的——却极难演奏。如果这部奏鸣曲是写给特蕾莎的，那么她的钢琴演奏技艺必定极佳！

那浪漫温柔、吟咏般的音调，将听者的思绪指引向爱情诗歌，这一切显而易见。在这里贝多芬唱出伟大的旋律，人们会得到一个印象：它绵延不绝，连接了形式上对立的第一与第三主题，即通过一个巨大的连音将主题的确立与发展部的开端连在一起。行家们常会将这个开始段落与费利克斯·门德尔松·巴托尔迪（Felix Mendelssohn Bartholdys）动人的《仲夏夜之梦》

（Sommernachtstraum）（Op. 61）相联系，其中的乐音同样描绘着一种充满浓郁欲望的气氛。但紧随其后的同音（Gleichklaung）所表现出的，一同莎士比亚原著中所带给人的困惑感：在发展部中我们突然意识到，在乐章的结尾，那交叠平行的对比冲突又重新回到了它最初的和谐。在升 F 大调奏鸣曲中，这的确是一封隐匿的情书，包含着有关思慕、和谐需求、困惑的铁证，并在终乐章中化作直冲霄汉的感谢之声；它听起来就如同迸发着热情和快乐感的"托卡塔"（Toccata）[1]，其中的主题就如在小丑手中纷飞抛掷——并在高度统一中交织融合。

G 大调第二十五钢琴奏鸣曲（Op. 79）

德国情调的急板－行板（g 小调）－活泼的
Presto alla tedesca-Andante (g)-Vivace
创作于 1809 年，于 1810 年出版（克莱门蒂，伦敦）
克莱门蒂委托作品

由三乐章构成的第 79 号作品，相较比它高半音的升 F 大调奏鸣曲，形式、内容都更质朴简单——由于作品中有类似杜鹃鸣叫的部分，这部作品因此又被称为《杜鹃》奏鸣曲（Kuckucks），在这里，贝多芬又一次要求了左右手交叉弹奏。关于其中间乐章，著名的钢琴家、指挥家汉斯·冯·彪罗（Hans von Bülow）曾

1　一种富有自由即兴性的器乐体裁，由一连串的分解和弦与快速音阶交替构成，快速触键，具有很强的炫技性，因此也叫"触技曲"。

贝多芬还创作了一个由小提琴协奏曲改编、写给钢琴和管弦乐的版本——并为第一乐章创作了独特的华彩乐章——这独一无二——同样还加入了定音鼓说过，这部作品参考了《无词歌》（Lieder ohne Worte）——其中平行三度音程的旋律与门德尔松《威尼斯船歌》（Venezianischem Gondellied）中摇曳的伴奏确实很相似，只不过，在贝多芬这部作品中有一个降 E 大调的中间部分，对此，分析者们都兴奋不已：对于客观的听众来说，它听起来很自然，非常适合这部奏鸣曲一贯简洁的语调变化，但再观察却发现其独到之处；贝多芬放弃了由旋律所构成乐段结构的不成文规定，让想象力自由游走；人们观察这歌唱性的旋律越久，其结构看起来就越不清晰。最高的艺术有这个能力，将最复杂的过程用最简单的方式展现出来——比如民歌。用自创的流行的曲调引出的"德国情调"部分，即"德国舞曲"改编的快板，并一直延续到了终乐章，简短精练。若非这一乐章在技术上也并不简单，与那部真正挑剔得多的升 F 大调姐妹作品相比，人们真可以将第 79 号作品称作"简易"奏鸣曲，倘若贝多芬自己没这样做的话。关于这两部作品，作曲家在给出版商戈特弗里德·克里斯托夫·黑特尔（Gottfried Christoph Härtel）[1] 的一封信中写道："至于这两部奏鸣曲，请分别单独出版，若您想将它们一起出版的话，请将这部 G 大调奏鸣曲作为'简易的奏鸣曲'（Sonatine facile）或'小奏鸣曲'（Sonatine），如果不一起出版的话，您也可以这样做。"事实上，第 79 号作品是以"钢琴奏鸣曲"（Sonatine pour la Pianoforte）的形式单独出版的。

第 78、79 号作品的委托人、出版者是穆齐奥·克莱门蒂，

---

1   1763—1827，德国音乐出版商。

那个时代中一位才华横溢之人。他比贝多芬年长8岁，是与莫扎特同时代的人，他自己作曲，并作为最早的钢琴演奏大师之一游历欧洲，后来创办了自己的钢琴制造公司并进行音乐出版。这位出生于意大利的作曲家，大部分时间都住在英国，在1807年的一次维也纳之行中，他于一场巡回演奏会上遇到了贝多芬。起初，他对这位竞争对手持怀疑态度，但后来，他因双方真挚坦诚的友谊而感到心悦。受出版商克莱门蒂的委托，贝多芬创作了G大调奏鸣曲，即第79号作品。同样由这位出版商发行的还有第78、77号作品，即一部钢琴奏鸣曲和一部钢琴幻想曲，后者在作品目录中，是独一无二的创作。

这个由小提琴协奏曲改编、写给钢琴与管弦乐团的版本也非常特别，它同样由克莱门蒂出版。有趣的是，贝多芬在这里创作了独特的华彩乐章。其中不仅包括钢琴声部，还加入了定音鼓的演奏，这非常少见。这将一个动机——主题细节变成配器技巧：定音鼓——在那个时代，创造了一种前所未有的效果——它是在小提琴协奏曲中（当然同样在钢琴版本中）第一个奏响的乐器。这三声鼓响伴随着第一乐章的推进不断重现，这是一个"捣乱分子"，在钢琴版本中，它一直持续到独奏华彩乐段依旧活跃，并成为一个二重奏华彩段落。20世纪末，作曲家阿尔弗雷德·施尼特凯（Alfred Schnittke）采纳了贝多芬的"建议"，在D大调小提琴协奏曲（Op. 61）的原版基础上，创作了一个现代的华彩乐章：同样也包括小提琴和定音鼓。

降 E 大调第二十六钢琴奏鸣曲
（"告别 – 缺席 – 重逢"）（Op. 81a）

诀别：柔板 – 快板

Das Lebewohl：Adagio-Allegro

缺席：充满感情的行板（c 小调）

Abwesenheit：Andante espressivo (c-Moll)

重逢：极其活泼的

Das Wiedersehen：Vivacissimamente

创作于 1809—1810 年，于 1811 年出版（布赖特科普夫与黑特尔，莱比锡）

献给鲁道夫大公

当我们思考各种关于奏鸣曲的内容时——无论有无标题——相比贝多芬别的器乐作品，我们都可以看到更明显的标题乐曲性的背景。自 1804 年起，贝多芬与鲁道夫大公相识，与其亦师亦友。两人间无须拘谨，因为对于大公来说，相较他与自己杰出音乐教师的感情，平民音乐家与哈布斯堡家族成员之间的巨大地位差异便不值一提了。从书信中，我们可以一再看到这位作曲家贵族与那位年长其 18 岁良师间的友好与亲密。

范妮·吉安纳塔西奥（Fanny Giannatasio）曾通过这段历史中不寻常的故事，向我们展示了两人间打破阶级差异的程度。

当时，贝多芬在给弗朗茨皇帝的弟弟——鲁道夫大公上课；

约翰·巴普蒂斯特·冯·兰皮所绘，
作为奥洛穆茨红衣主教和大主教的鲁
道夫大公（1788—1831）

我问他：他弹得怎么样？"等他有点力气后才行。"他伴着笑声答
道。他微笑着，还用手拍了一下大公。当这位大人有次想抗议他
的越界时，他（贝多芬）用手指了指一位诗人的位置，如果我没
弄错的话，那里是歌德坐过的，他用这种方式为自己的行为辩护。

里斯也曾强调过，当时老师和这位出身高贵的学生间那种不
可思议的亲密感。

关于礼仪及礼仪相关的事情，贝多芬不知道也从不想知道。当
他刚开始来找鲁道夫大公时，他的行为会让大公身边的人陷入窘境，
人们恨不得用拳头教他该注意些什么。但他无法忍受这些。虽然

他承诺会有所改善，但——也就这样了。终于有一日，当人们又在教给他规矩时（他是这么说的），他极为恼怒地与大公说明，对鲁道夫大公他有着无与伦比的尊敬，但要严格遵守那些人们每天给他定下的一切规矩，并非自己的职责所在。对此大公善意地笑了，并下令不要打扰贝多芬的生活方式，说：他就是这样的。

贝多芬与鲁道夫的私人关系持续到了 1819 年，直至鲁道夫必须就任奥洛穆茨大主教（Ervbischof von Ölmütz）时——即便如此，他仍与贝多芬保持着联系。此外，作为成立于 1812 年的音乐之友协会的赞助者，鲁道夫将自己全部的音乐作品遗赠给了协会的档案馆，这也是为什么今日音乐协会大楼内的丰富藏品中，会有一些珍贵的贝多芬手稿。

为鲁道夫加冕大主教，贝多芬准备写一部新的弥撒用以在这庄严的时刻演奏，于是，他开始了《庄严弥撒》（Missa solemnis）的创作，但直至大公迁居数年后这部作品才最终完成。这是一系列与鲁道夫名字有关、题献给他的高贵作品中的最后一部。正因如此，人们将这部作品与同样题献给鲁道夫的 c 小调第三十二钢琴奏鸣曲（Op. 111）、降 B 大调第二十九钢琴奏鸣曲（Op. 105，即《槌子键琴》奏鸣曲）共称为《大公三重奏》（Erzherzogstrio）。在作品中，作曲家想到了自己的学生——同样也是赞助人——直至今日，这些作品在贝多芬全部创作中也是极为出色的。就个人而言，这部降 E 大调奏鸣曲（Op. 81a）诞生的整个过程，归功于其中的这段音乐关系。

贝多芬明确地写出了下行的起始动机，用德语"告别"一词的三个读音（Le-be-wohl），并将第二乐章以及终乐章分别称作"缺席"和"重逢"。我们将其与标题音乐相联系，例如约瑟夫·海顿早期的《白昼》交响曲（Tageszeiten），描绘了清晨、中午和傍晚；或是维瓦尔第（Vivaldi）[1]的《四季》协奏曲（Jahrszeiten）。只是这里，音符所表现的更多是非常个人化的表达——贝多芬通过第81a号作品的出版将它宣之于世。

那是一场在维也纳与心爱学生的告别，鲁道夫的离开并非自愿——拿破仑的军队再次占领了维也纳。1809年春，整个皇室离开了首都，退至匈牙利王国的布达（现为布达佩斯的一部分）。音乐诉说了作曲家对自己这位钢琴、作曲学生深厚的情谊，尽管这段关系常常因作品"Les Adieux"这个法语名字而误解。一切同样是出版商所为：布赖特科普夫与黑特尔将"Lebewohl"改为"Les Adieux"，这完全违背了贝多芬的本意，也令其非常愤怒。

人们很能理解这愤怒的原因：因为法语"Adieu"一词是可以对很多人讲的，不足以刻画贝多芬对这次离别真挚的情感——因此，他选择了德语的"Lebewohl"。在第一乐章临近结尾处，他根本无法将自己从动机中抽离出来，而将其反复穿插交叠。那种离别之痛在乐音中长歌当哭，汹涌磅礴。

在中间乐章中，我们可以听到一个动人的、关于"缺席"的叙述：那剧烈的痛苦、长叹的主题处理——对于我们今日的人来

---

1   1678—1741，巴洛克音乐作曲家。

说，它听起来就如同理查德·瓦格纳（Richard Wagner）[1]《特里斯坦》（Tristan）[2] 中那"憧憬"主题的预言，甚至包括那些近半个世纪之后才被"创造"出来的过渡的和声。类似这种强度的表达，我们只有在贝多芬降 A 大调第三十一钢琴奏鸣曲的慢速乐章中才能找到。"告别"不仅被付诸文字，同样宣之于中间乐章的叹息主题中，"特里斯坦和弦"也同样是这样的：更确切地说，谐和音迷失于不协和音中……

在原稿的第一乐章上，有贝多芬亲笔写下："告别 / 维也纳，1809 年 5 月 4 日 / 尊敬的 S. 皇室鲁道夫大公殿下 / 启程之时。"那充满欢乐热情的终乐章手稿并没有被保存下来，据说在其上也这样写道："尊敬的 S. 皇室鲁道夫大公殿下归来之时，1810年 1 月 30 日。"——这很有可能，但我们却无法考证。但无论如何可以肯定的是，这部作品旋律所叙述的是一段关于他个人的故事。

《皇帝》协奏曲

战争，加深了作曲家与维也纳这座他心爱城市间的羁绊，宫廷逃亡，法国人征服了维也纳——1809 年的这个夏天是无法想象能身居乡村的。因此，贝多芬最华丽之一的作品诞生了，第五部，同样也是最后一部钢琴协奏曲。这部作品是在维也纳写成

1　1813—1883，德国作曲家、剧作家。
2　即《特里斯坦与伊索尔德》（Tristan und Isolde），作品号 WWV 90。

的,而非在那熟悉的田园环境之中。恰恰相反。到处是苦难和贫穷。"我们陷入了贫穷的困境,所需金钱是平常的两倍之多——这该死的战争",在一封寄往莱比锡的信中,贝多芬这样控诉着。当皇室东逃之时,维也纳人民仍不得不给法军提供补给。但是,人们依旧愿意将这部降 E 大调协奏曲与法国皇帝联系起来——在英语国家,人们称之为《皇帝》协奏曲(Emperor Concerto)。关于这位帝王,人们想到的却非奥地利皇帝弗朗茨,CD 封面上常常印着的是拿破仑的形象!

但在那时,贝多芬早已失去了对波拿巴[1]的好感,通过手稿可以清楚看到,在创作此部钢琴协奏曲的同一时间,他还在给约瑟夫·冯·科林(Joseph von Collin)[2]的军队歌曲《奥地利高于一切》(Österreich über alles)谱曲。虽然他并未完成这部作品,但那种英雄情怀却可以在降 E 大调协奏曲中宣之于口。此情此景中,作曲家的心更是在为哈布斯堡王朝而跳动。而这部宏大作品的受赠者,又一次是鲁道夫大公。

在排印时,贝多芬曾和布赖特科普夫与黑特尔出版社发生过小的争执,因为莱比锡的出版商,已经将总谱的新书样发给了所有可能对此感兴趣的人。此时此刻,整个世界都在热切地期待着贝多芬每一部伟大的新作品!但作曲家一如既往地热衷于加入所有细致的修改,这让他大为恼怒,因为有可能在乐谱寄出时,他的修改稿还完全没有被注意到!

---

1   即拿破仑·波拿巴(Napoléon Bonaparte)。
2   1771—1811,奥地利作家。

特别的演奏指令"摇晃的连奏"

协奏曲已经被送去了工业联盟（Industrie Komtoir），谁知道还被寄去了哪里，对于我来说这完全不正确，他们为什么不等收到校订稿，然后出版一部没有错误的作品呢，修改完的协奏曲前天已经从这里寄出了。

贝多芬不会想到，直至他去世后很久之后，这令人头疼的校样问题还一直持续着。这其中的某些内容，甚至今天都在影响着这部作品的诠释！例如，在作曲家不满意的首版中有一个标注，而它却没有出现于此后其他所有的版本中，直至最近才被编辑注意到。

在其中一个回旋曲主题的再现部中，贝多芬标注了"摇晃的连奏"（ligato schwankend）——这一位置正好处于回旋曲终乐章的中间部分，这是一个我们做梦都想设法远离的根音（Grundtonart）：我们落在了 E 大调，而非降 E 上，在这里需要连奏，但还需是"摇晃的"。

从 E 大调换到 B 大调的距离很近，这也是我们进入第五钢琴协奏曲中间乐章所用调式（我们依旧记得，在 c 小调奏鸣曲中［调式］的距离有多远，从 c 小调到 E 大调！）。在这个慢速乐章中，我有时会与指挥意见相左，他们常常给的速度太慢了，即使写的是"柔板"，但同样也写着"稍快的"（un poco moto）——最重要的是：弦乐演奏者必须将主题的每两个小节，连接成一个大的单元，这一点通过乐句记号清晰可见。在这些时候，钢琴演奏者可以从他的弦乐同事那里学到很多东西：当我用钢琴来指挥降 E 大调协奏曲时，我会请乐团成员们每一弓都拉满两小节（我总喜欢这样

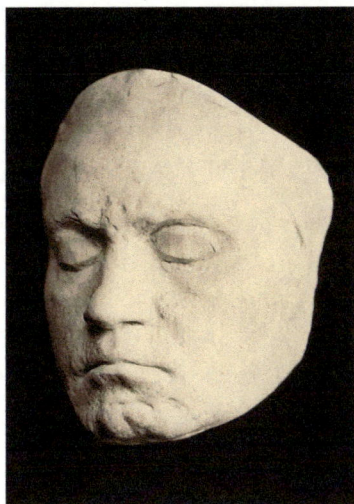

贝多芬面具，弗朗茨·克莱恩（Franz
Klein，1779—1840）于 1812 年制作

做）——这将会自然得到这个乐章正确的、更为流畅的速度。

战争与爱情的纠葛

1810 年，《告别》奏鸣曲最终完成，同样是这一年，战火
纷飞。糟糕的食物让贝多芬不由得抱怨，同样还有一直以来的
健康问题，他写道："想要比现在状况好一点的话，可能需要很
长时间，但不可能再回到之前那样了。"伊格纳茨·冯·格莱兴
施泰因男爵作为媒人，带来的却是回绝的消息：贝多芬想与特
蕾莎·马尔法蒂结婚，对方是作为贝多芬医生及朋友的约翰内
斯·马尔法蒂（Johannes Malfatti）的表妹，但这位年轻的女子用感

谢的语气拒绝了。"你的消息使我从幸福之巅跌入深渊",在一封于 1810 年 4 月写给格莱兴施泰因的信中,贝多芬这样感叹道。

从那时起,我们就拥有了贝蒂娜·冯·布伦塔诺(Bettina von Brentanos)[1] 关于贝多芬生活情况的美丽记述。这位当时 22 岁的女子与约翰·沃尔夫冈·冯·歌德(Johann Wolfgang von Goethe)保持着书信往来,而他很想认识贝多芬。当歌德向其询问能否为他的剧作《艾格蒙特》(Egmont)谱曲时,这位作曲家就向诗人致以了最诚挚的敬意——首演于 1810 年 4 月在城堡剧院举行。歌德曾这样给他的笔友写道:

请告诉贝多芬,怀着我最赤诚的心,甚至我愿为此做出牺牲,只为能够认识他,与他进行思想和感悟的交流定能获益无穷。也许你可以给他一些影响,让他可以决定去卡罗维发利(Karlsbad)[2] 旅行,每年我都会去那里,如果可以的话,请务必让我能受教于他。即使理智如我,也会认为想要得到他的指点,对其是一种不恭。他的天才光芒万丈如闪电般划破天宇,而我们则坐于黑暗中,甚至不知,破晓之光从哪儿升起。

贝蒂娜首先给诗人描述了她找到作曲家时对方的居住情况。她给这位习惯居住于豪华环境中的大诗人这样写道:

1　1785—1859,德国浪漫派作家,此内容摘录于其作品《歌德与一个孩子的通信集》(Goethes Briefwechsel mit einem Kinde)。
2　捷克语为 Karlovy Vary,位于现捷克西部,是一座温泉城市。

他有三间公寓，一间在乡下、一间在城市里、一间在堡垒那里，他轮流将自己藏身其中；我在三楼找到了他……他的家中非常奇特：第一个房间中有两到三架大钢琴，都没有钢琴腿直接放在地上；箱子里装着他的东西，一把椅子只有三条腿；在第二个房间中摆着他的床，无论寒暑，都是一席草褥一床薄被，杉木桌上放着一个洗脸盆，睡衣则被丢在地上……

终于在1812年——虽非在卡罗维发利，而是在特普利采（Teplitz）——迎来了两位巨匠期待已久的会见。其后，歌德在给妻子克里斯蒂安娜（Christiane）的信中写道："我从未遇到一位比他更言简意赅、精力充沛并热忱的艺术家了，现在我非常能理解，为何他需用这种特殊的方式与世界对抗。"言简意赅、精力充沛、热忱——这并非是歌德自己，同样他也并未从人格特征上读懂贝多芬——众所周知，他对音乐并不十分在行——但这一次却非常正确，因为丰沛的精力与热忱共同构成对贝多芬音乐最基本的描述，在当时的环境中，对于那些苦闷烦扰的同时代人来说，他们更愿意在贝多芬的音乐中看到英雄主义。至于诗意与柔情，贝多芬浪漫主义的诠释在很长一段时间中都被默默地束之高阁。

情　书

那个夏天，在波希米亚的水疗中心中，人们谈论的话题特别围绕着一件事情：拿破仑刚刚开始了对俄国的大举进攻。当大家都在议论政治时，贝多芬却忙于他的私人生活。他在写一封信。

这封信，将会载入文学史册，因为后世一代代研究者都在致力寻找，谁可能是这封信的收件人。假若有一日能真相大白，那将是多么令人兴奋的事情啊——更重要的是，它让我们了解到贝多芬的另外一面，我们通过许多作品已经熟知这位"不朽的爱人"；紧随那音乐情书其后的，是用文字代替音符写就的经典之作：

7月6日，晨

我的天使，我的一切，我的真我——今日虽只寥寥数笔，并用铅笔写就（你的铅笔）——我的住处要等明日才能确定下来，这是多么无谓的时间浪费啊——为何明知必然，却如此忧伤——我们的爱情可否能够通过无须牺牲、无须任何要求的情况下依旧长久；你并不完全属于我，而我也不全是你的，你能改变这一切吗——啊，神啊，请一觑这自然之美，你的心情必然能够得到慰藉——爱情需求所有，天经地义，正如你之于我，我之于你——而你却如此轻易忘却，我必须为我、同样为你而活——倘若我们能融为一体，你将少承受如我这般的煎熬。——我此行一路非常可怕；昨日凌晨4点才抵达此地；由于马匹不够，邮车只好改道，但这条路很是糟糕；启程之前，有人警告我不要夜间赶路——看到树林我就会感到心慌，但这却催促着我，但是我错了——马车不得不在这条糟糕的路上颠簸，在这泥泞不堪、光秃秃的山路上——如果当时没有我们这位车夫，我就会被困在路上——埃施特哈齐在另外一条好走的路上，他有八匹马，而我却只有四匹——可我也有些感到庆幸，一如我平常幸运地战胜困难后，所感到的庆幸那般。——闲话短说，言归正传。你我相见之日可期，今日我无法将最近关于生活的种种想法告诉你了——若我们一直能心心相印，我将不再有这些念头。千言万语溢满心间想要对你倾诉——啊——有时，我感到语言是那么苍白无力——高兴起来吧——继续做我忠诚、唯一的爱人，我的一切，正如我属于你那般：其余的上天会做安排，对于我们来说必然如此，本该如此。

你忠诚的 路德维希

7月6日，傍晚，早晨

　　你身陷于痛苦，我最亲爱的人——现在我的确要承认，信件必须要尽早寄出。只有周一和周四——信件才能寄往K.城——你正承受着痛苦——啊，凡我所在之处你与我同在，与我一起，我会设法与你一起生活，那般的生活！！！！所以！！！！没有你——常会追随人们的善意，但相比他们所给予的那般，我却宁可少拥有一些——人对人的谦卑——这使我痛苦——当我置身于天地之间俯察自身时，什么是我，而——那些人们所谓最伟大之人又是什么——这又回到了人的神性——当我想到，或许周六你才能收到我第一则消息时，我不禁落泪——就如同你也爱我——我只会爱你更多——我在你面前从不隐藏——祝你晚安——我必须去休息了。啊，上帝啊——近在咫尺，远在天涯！我们的爱情岂不真是空中楼阁——但它同样如此坚固，如那穹宇一般。

7月7日，早安

　　我已上床休息，但种种思念都涌向你，我不朽的爱人。时而我会十分欣喜，时而又感到悲伤，我静待命运，看它是否能够对我们垂青——或者我能够彻底与你一起生活，抑或是完全不，是的，我已决定漂泊远方，直到可以飞身投入你的怀抱，并能在你身边得到完全的归属，由你将我的灵魂送入精神的国度——但却必须如此——你会明白，因为你了解我对你的忠实，绝没有任何别的一个人能够占据我的内心，绝不——绝不——哦，上帝啊，为何人所钟爱的，偏偏却要远离，而我在这儿的生活是如此可怜——你的爱情让我成为最幸福、同时又是最不幸的人——对于我现在的年龄，需要稳定和规律的生活——我们之间能够拥有这一点吗？——天使啊，我刚打听到：邮差每天都要出发——我必须就此搁笔，以使你能迅速收到这封信——请平静，只有平静地思考我们的状态，才能共同达成生活的心愿——请平静——并爱我——今日、昨日——我的泪水挟着思念向你涌去——你啊——你——我的生命——我的一切——祝你安好——哦，继续爱我——永远不要误解你亲爱的 L. 忠实的心。

永远属于你

永远属于我

永远属于我们

Innere und äußere Kämpfe

内外之战

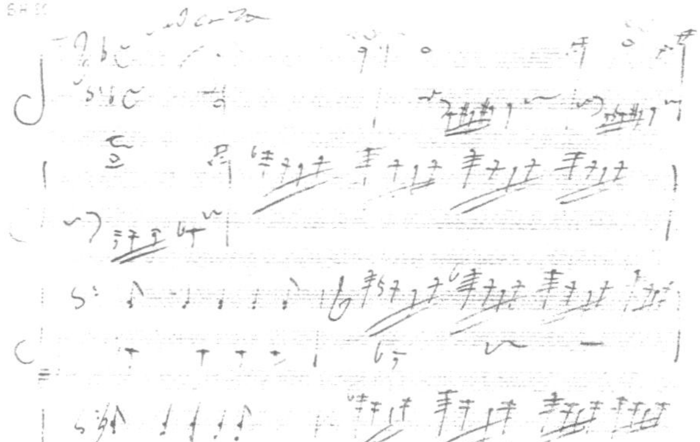

家庭战争

当贝多芬的弟弟卡尔·范·贝多芬离世后，我们的作曲家成为了自己的侄子，与其父同名的小卡尔的监护人，也就是从那时开始，他们之间无尽的故事拉开序幕。让哥哥在自己辞世后照顾他的孩子，对于这一点贝多芬的弟弟毫不怀疑。在 1813 年 3 月的一份"声明"中，他明确表达了自己最后的愿望。

基于我对胸怀宽广的哥哥、路德维希·范·贝多芬的信任，希望在我去世后，将自己未成年的儿子卡尔·贝多芬的监护权转移给他，在这里我恳请尊敬的判决法院，在我死后将监护权移交给上文所提及的这位哥哥。并请求我亲爱的哥哥接受并行使监护权，待我的孩子视如己出，给予他忠告与帮助，并在任何情况下都能伴其前行。

可正如我们所知，对于我们的作曲家来说，1813 年绝非事事如愿。当编年史学家将那段旷日的爱情故事"不朽的爱人"写入 1812 年，人们反复谈论的，是贝多芬与他那位地位悬殊的、高贵的意中人之间关系的无疾而终——尽管 1812 年看上去似乎很短暂，但所有的约定在这一年都落空了。

在 1813 年，所有的幻想都破灭了，贝多芬的精神状况饱受摧残，此外是关于金斯基伯爵（Graf Kinsky），这位每年提供给贝多芬固定经济资助的三位最重要的赞助人之一，因骑马摔倒而受伤身亡。伯爵遗产的管理者需要花费相当长的时间来处理这些关于贝多芬赞助的相关事物。

因此当我们看到娜内特·施特莱舍（Nanette Streicher）[1]，一位贝多芬真正的好友那些令人深思的话语时，便不会感到出乎意料了："他没有一件好的上衣，也没有完整的汗衫。"生活一落千丈，三年之前还有贝多芬的熟人关于作曲家购买新居的报道。贝蒂娜·冯·阿尼姆（Bettina von Arnim）[2]也谈及了"更多好的汗衫"，善意的报道中他被描述为不修边幅，在一些信件中他提及了自己那几乎永无止境的疾病。除此之外，在学院大学礼堂中的演出的计划，也成泡影。

这还是那位创作了第七交响曲的贝多芬吗？那位凭借宏伟的战争之作《威灵顿的胜利》（Wellingtons Sieg）而得胜凯旋的大师吗？

当帮助作曲家脱离苦难之人出现时，弟弟卡尔尚未离世。那人就是鲁道夫大公，1813年6月初，他给自己的"老师"写道：

无比欣喜地收到您寄来的信，前天晚上我刚刚拿到它。您已经来到了我最爱的巴登，如果您时间允许，希望明天上午可以与您见面，因为在这里待了一些天后，对我的健康产生了非常有益的影响，我能听听音乐并自己演奏。如果可以在这个健康又

---

1   1769—1833，德国-奥地利钢琴制造商，作曲家、音乐教育家、作家。
2   即贝蒂娜·冯·布伦塔诺。

贝多芬要求他的侄子，即他的监护对象与其母亲断绝往来。这封向州法院提交的申请书，是那"无尽的故事"中所包含众多法律事件的其中之一美丽的地方待一阵的话，对您的病情也会有相同的效果，这同样也是我的心愿，我会为您安排住所，这完全可以实现。"

从此，巴登成为了夏日的避暑地，贝多芬住在了维也纳附近的疗养地绍尔霍夫（Sauerhof）——一间毕德麦雅（Biedermeier）风格[1]的房子中，这栋位于施韦夏特（Schwechat）的建筑至今还在，它有宽敞的房间，显而易见这里非常适合工作。更为重要的是，这里离他最喜欢的学生不远。当他不用给这位大公上课时，这位大师会继续润色那部庆祝海军上校尼尔森（Nelson）战胜拿破仑的宏大作品：《威灵顿的胜利》，也称为《维多利亚之役》（Die Schlacht bei Vittoria）。当时，节拍器的发明者梅采尔发明了一种叫作"百音琴"（Panharmonicon）[2]的大型自动乐器，这使得这部作品仿佛是一部宽银幕戏剧，首演时使用了庞大的交响乐团和若干打击乐器。同样在那个晚上，从内容上来说更为重要的第七交响曲也被第一次奏响，但当时的人们并没有做出正确的选择，战争交响曲才是那个年代所热爱的作品。

在创作阶段，作曲家与梅采尔间摩擦不断，贝多芬甚至给伦敦爱乐者协会（Philharmonische Gesellschaft in London）写了警告信，如果谁想在巡回演出中共同表演《威灵顿的胜利》，这个计划一定会落空。

在那时，贝多芬的名望和呼声已经到达顶峰，在《威灵顿的

1　即毕德麦雅时期的艺术风格，是指 1815 年至 1848 年间衍生出的市民文化延伸至文化、艺术等领域，成为一种独立艺术风格。
2　也译作"机械乐队"，指一种通过风箱运作演奏不同乐器的机械装置。

胜利》的两场演出之后（分别于 1813 年 12 月 8 日与 1814 年 1 月 2 日），2 月他在另一个学院表演了第八交响曲。相较第七交响曲，这部作品今日被较少关注，被认为是第七交响曲"更小"的姐妹篇。由于贝多芬不愿对自己"孩子"中的任何一个厚此薄彼，因此他称其为两者中"更好的"那个。

此后不久，《费德里奥》被重新修改，并在卡恩特纳托尔剧院被搬上舞台，演出非常成功。11 月 26 日，许多皇室首脑观看了表演。此后，"维也纳会议"划分了欧洲的新秩序，人们翘首以待看贝多芬如何用他的作品表达庆祝，作曲家写下了一部康塔塔，即《光荣的时刻》（Der glorreiche Augenblick）[1]。这部作品获此殊荣，可以用红色和金色装帧印刷，但今日几乎没有人想要表演这部乐曲。

相较对人文理想的赞颂，大师对于新秩序的庆祝显然并没有那么发自内心，无论是歌唱（比如在歌剧中），还是无歌词（就像在《英雄》交响曲这部作品中），抑或是那赞美诗般的器乐之歌，就如同在他的奏鸣曲、交响曲或者弦乐四重奏中那般。

社会评论家们会注意到，那是 1814 年 11 月 29 日在一个大型的舞会厅中，1813 年至 1814 年间一系列的庆典演出在此刻到达顶峰。奥地利女王、俄国女沙皇、普鲁士国王及参加维也纳会议的众多贵族悉数到场、观看演出。管弦乐团由剧院的职业音乐家组成，并邀请了一些当时极负名望的音乐家前

1　作品号 Op. 136。

来助阵。

　　贝多芬走出了黑暗，重新站在一片光明中，并重回上流社会。但失聪的问题却让他日后无法再以钢琴家身份出现在维也纳。

　　在与洛布科维茨及金斯基的继承人签订了新合同后，作曲家的财政困境得到改善。从那一刻起，贝多芬可终生领取每年 1360 古尔登的资助，那困扰着他一生的经济问题将不再使他忧虑。

孤独之人

e 小调第二十七钢琴奏鸣曲（Op. 90）

稍快的，始终充满感情与表情的 - 不太快的，充分歌唱似的
Mit Lebhaftigkeit und durchaus mit Empfindung und Ausdruck-
Nicht zu geschwind und sehr singbar vorgetragen
创作于 1814 年，于 1815 年出版（施泰纳[1]）
献给莫里茨·冯·里希诺夫斯基伯爵（Graf Moritz von Lichnowsky）

　　直至 1805 年，已经有 23 部贝多芬的钢琴奏鸣曲出版（不包括《为选帝侯而作的奏鸣曲》）。四年后，他的第 78[2]、79 号[3]作品及《告别》奏鸣曲也相继问世。此后，大约五年时间，并没有

1　西格蒙德·安东·施泰纳（Sigmund Anton Steiner，1773—1838），奥地利音乐出版商、艺术商人。
2　即贝多芬升 F 大调第二十四钢琴奏鸣曲。
3　即贝多芬 G 大调第二十五钢琴奏鸣曲。

新的钢琴奏鸣曲面世。从这个角度也许人们能说，虽然这部 e 小调鸣奏曲只有两个乐章，但却有极为重要的分量，最后的那六部奏鸣曲始于这里——当然，创作于 1820 年至 1822 年间传奇性的三部奏鸣曲，即 E 大调第三十钢琴奏鸣曲、降 A 大调第三十一钢琴奏鸣曲和 c 小调第三十二钢琴奏鸣曲（Op. 111）因其特殊性，并不在其列。

关于德语的"Lebwohl"和法语的"Les Adieux"，一直以来讨论不断——这部贝多芬以第 90 号作品出版的乐曲、即 e 小调第二十七钢琴奏鸣曲，在乐章标注时并没有采用通常的意大利语，而是选用了德语。并且没有简单的用"快"或是"慢"来描述，而是诗意地描述了音乐的情绪："稍快的，始终充满感情与表情的"和"不太快的，充分歌唱似的"。

这，近似于一首诗，音乐中充满着图画感——相传，作曲家想给题献人至少是一个标题性的暗示，以此得到些许思路。这部奏鸣曲是献给莫里茨·冯·里希诺夫斯基伯爵的，他是贝多芬在第一次维也纳之行中，结识的里希诺夫斯基亲王的兄弟。亲王于 1814 年去世——他身为侯爵的兄弟立刻得到"解放"，可以与他的情人，一位年轻的女歌手结婚。他们之间地位悬殊巨大——若卡尔亲王在世，定然不会准允这件婚事，因为莫里茨·冯·里希诺夫斯基伯爵迎娶的是约瑟法·斯杜梅尔（Josefa Stummer）女士。而贝多芬的倨傲感让他对这一切只能冷眼相看，因此贝多芬告诉这位侯爵，希望"在这部作品中将他（侯爵）与令妻的爱情故事写进音乐"。

辛德勒在传记里透露了里希诺夫斯基伯爵是如何发现贝多芬

的心思的。

这部奏鸣曲的受赠者里希诺夫斯基，几乎一拿到这部作品，就本能地领会了贝多芬的特殊意图。贝多芬将他的爱情故事写进音乐，并为其起了标题，第一乐章上写道："头脑与心灵的交战"，第二乐章则是"与心爱之人的对话"——里希诺夫斯基伯爵在第一任妻子去世后爱上了一位著名的歌剧演员，但他的家族强烈反对他们的结合。经过多年的斗争后，两人终于克服了重重障碍结为夫妻。

虽然对于辛德勒的所述，音乐史研究通常持怀疑态度，但却倾向于相信这段历史的真实性。因为在这部奏鸣曲中，确实使用了许多当时流行的爱情音乐元素用以表达敏感和热情。当然，贝多芬对于材料的处理方式炉火纯青，是任何同时代艺术家都无可比拟的。

因此，e 小调奏鸣曲堪称一份毕德麦雅时期的八卦资料！里希诺夫斯基伯爵与那位糖果商女儿出身的、在莫扎特歌剧《唐璜》中扮演农女采琳娜（Zerlina）的演员剪不断理还乱的关系，在维也纳的音乐界已成为了公开的秘密。不仅如辛德勒所述这般，里希诺夫斯基伯爵夫人一生，都深陷于丈夫混乱关系带来的纠葛中。

约瑟法·斯杜梅尔于 1814 年 6 月诞下一个私生女，直到 1825 年伯爵妻子去世八年后，也就是这对情人在格拉茨（Graz）秘密成婚五年后，私生女才成为伯爵合法的女儿。

1814 年 9 月，当贝多芬宣布为感谢伯爵的赞助而要题献新奏鸣曲时，伯爵夫人尚健在。当天，人们在八卦闲谈中提及了伯爵的私生女。如果辛德勒所述属实，那么在谱写这部奏鸣曲时，贝多芬有可能已将这段情事写入其中。这或许会成为维也纳民俗史，甚至是世界文化遗产其中的内容。

种种迹象都让评论家们浮想联翩。甚至有人猜测，第一乐章核心主题再现前的模仿部分（从第 152 小节开始），就是对私生女诞生的音乐描述。

但可以肯定的是，再一次与贝多芬音乐的英雄形象完全不同，这里展现的是温柔，至少是诗意化的形象。

即便是乐谱上所注记号，都传达了作曲家的情感深度：用"始终充满感情与表情的"标注的第一乐章，正是辛德勒所述"头脑与心灵的交战"的那个乐章。从终乐章那"充分歌唱似的"开始部分，已经听到了舒伯特钢琴乐章中的真挚与亲昵。并且，演奏时不能完全按照乐谱上所标注的速度：当人们用所注节奏（每分钟 88 拍）演奏这些四分音符的话，将完全丧失其"歌唱性"。而终乐章中同样存在的、那些多愁善感时刻中的内敛特征，却没有干扰到宏大歌唱中陶醉的音符：毫无疑问，这是在吟唱一首情歌。

听不见的音乐家

在贝多芬最后一次以钢琴家身份登台演出的那几个月中，他完成了 e 小调奏鸣曲的创作。作曲家耳聋日益严重，但却无能为力。当伊格纳茨·舒潘齐格在"罗马皇帝"表演大厅（黑恩巷[Renngasse 1]）举办的公益音乐会时，他演奏了自己最后一部三重奏作品首演的钢琴部分，这部乐曲同样是献给鲁道夫大公的，因此也被称作"大公三重奏"，因其大气磅礴、协奏风采突出，演出后便迅速流行起来。

卡尔·车尔尼曾写道，贝多芬的仰慕者及朋友们很早就听闻新作已经完成，人们不知大师又将会带来怎样的惊喜。作为那次室内乐首演彩排的听众，作曲家路易斯·施波尔（Louis Spohr）[1]生动地记录了已经严重失聪的作曲家与乐团成员工作的困难重重——并且使用了一架调音极为不准的钢琴！"毫无欣赏性"，他这样写道：

由于贝多芬的耳朵已经听不到了，因此他并没有太关注调音，那架古钢琴音准真的很糟糕。由于失聪，这个大师过去引以为傲的杰出才华现在已所剩无几，在演奏强音时，这个可怜的失去听力的人，只能使劲敲击琴键，而在演奏弱音时，又太轻柔了，失去了音群间的段落感，当人们没有跟上钢琴旋律时，将无法对其进行理解。对于这残酷的命运我深感痛楚，失聪对于一个普通人来说已是非常不幸，而对于一位音乐家来说，将是何等的绝望至极？贝多芬那绵延不绝的忧郁，现在，我已完全能够理解。

1　1784—1859，德国作曲家、指挥家、声乐教育家。

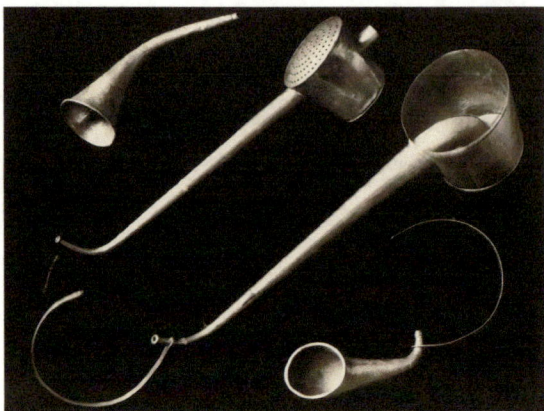

约翰·尼波穆克·梅采尔为失聪的作曲家
设计的部分助听器

　　一天，为准备一次彩排，小提琴家舒潘齐格请一位 18 岁的
年轻音乐家同事为贝多芬带去一封电报，请其回复，看彩排是否
能如期举行。这位年轻人就是安东·辛德勒，作为捎信人的他当
时心跳雷动，在后来的描述中他是这样形容贝多芬当时的反应：
"当他读完了纸上所写后，转身对我说了一句'好的'；几个简短
的额外问题后便结束了这场对话。但我在门口还停留了片刻，观
察那个在写东西的人。"在此后的多年中，辛德勒常常这样观察
贝多芬，他也曾做过一段时间贝多芬的秘书——后来成为最重要
的同时代见证人之一，虽然在他的传记中，有许多捏造臆想的细
节……

　　在作曲家伊格纳兹·莫谢莱斯（Ignaz Moscheles）[1] 的日记中，留

下了关于 1814 年 4 月 11 日举行"大公三重奏"首演的记录："在多少作曲中，'新'这个词都用错了地方！但这在贝多芬身上绝不会发生，至少那是完全的原创性。那些极其刻意为之的表演并不能特别打动我，因为其中缺乏纯粹和精准，但在这中间，我也能感受到伟大演奏的痕迹，正如在他作品中长久以来已经能看到的一般。"

关于这部作品的第一则报刊评论见于《收藏家》(Sammler)，文中称这部乐曲"优美而具有原创性"，"一切很节制"，"有对于学院派来说无法涵盖的广度与伟大：其导致的直接结果是，除非是真正的艺术鉴赏家，否则面对这种美好只能深感言语匮乏、无法描摹"。

在首演几周后，贝多芬再次坐在钢琴前，与舒潘齐格共同演奏了这部以第 97 号作品为编号的乐曲。这是他最后一次作为钢琴家公开演出，当年冬天，皇室上演了动人的一幕——1815 年 1 月 25 日，在经历拿破仑造成的混乱局面后，整个欧洲建立了新秩序，人们期盼着庆祝俄国女沙皇的生日（沙皇赠与贝多芬 100 杜卡特，用以感谢其所题献的小提琴奏鸣曲 [Op. 30] [1]，此时距离作品首版发表已过去 12 年了！）

在维也纳霍夫堡宫内举行的庆典音乐会上，上演了《费德里奥》第一幕中的四重唱 [2]——几个月前，这幕剧的最终版本才在凯恩特纳剧院进行首演。歌唱家弗朗兹·怀尔德（Franz Wild）这样

---

1 即贝多芬 A 大调第六小提琴奏鸣曲、c 小调第七小提琴奏鸣曲、G 大调第八小提琴奏鸣曲。
2 即《费德里奥》中"我是如此美妙"（"Mir ist so wunderbar"）唱段。

描述道：

在选曲时，第一次放弃传统只穿插演奏了些洛可可音乐（Rococo Musik），向我们这种创新致以谢意的人中，最为尊贵的是弗朗兹皇帝。原本我应该演唱神父斯塔德勒（Stadler）《自由耶路撒冷》（Befreiten Jerusalem）中的一段咏叹调，不知道梅塞德（Mayseder）演奏些什么。后来皇帝出现在了排练现场，他并不认同这些曲目，但当我申请演唱贝多芬的《阿德莱德》（Adelaide, Op. 46）时，他欣然同意了。根据皇帝的要求，梅塞德演奏了《罗德主题变奏曲》（Variationen von Rode）。这让那位俄国皇帝极为满意，演出大获成功。虽然感到有些乏味，却同样觉得不真实，因为权贵们的奖赏极大满足了我的虚荣心，对于这一点我无法否认。但这次《阿德莱德》的演出，让我的艺术精神得到了无尽的满足，也让我有契机可以结识贝多芬、这位在任何时代都堪称伟大的音乐天才。因为这位大师很高兴我选择演唱了他的那首歌曲，他来拜访了我，并很愉悦地为我进行伴奏。

1815 年 11 月 15 日，贝多芬的弟弟卡尔逝世，从那一刻起，贝多芬的创造力几乎终结了。面对弟弟留下的、关于自己同名儿子的抚养遗嘱，贝多芬写下了一部珍贵的作品，似在那动荡混乱的环境中，照进音乐世界的一丝光明，这是最美的钢琴曲之一：A 大调第二十八钢琴奏鸣曲，于 1817 年作为第 101 号作品出版。

这次的灵感缪斯，仍是一位年轻女士。

A 大调第二十八钢琴奏鸣曲（Op. 101）

不太快的小快板－活泼的进行曲风

Allegretto ma non troppo-Vivace alla Marcia-

深情的不太慢的柔板－富有柔情的－快板

Adagio ma non troppo-con affetto-Allegro

创作于 1816 年，于 1817 年出版（施泰纳）

献给多萝西娅·冯·厄特曼（Dorothea von Ertmann）

这是一部四乐章作品，但很久以来，贝多芬已不再采用"常规"古典主义曲式结构创作奏鸣曲了。正如第 90 号作品一样，在这里，我们能够感受到更多的敏感、浪漫，还有那充满爱意的音符，包含着突出的情感内容。奏鸣曲以一段醉心的歌唱性旋律开场——并"转入"主调，但整个第一乐章依旧连贯流畅。主题不断攀升，在这里，表情记号虽为"稍有一些活力的"，但是却要用"最强烈情感"进行演奏，这充分地描述出这部作品的音乐特征。但演奏者不要过度受这些标记影响，以免速度过快。在第二小节的末尾，已引入了渐弱——人们听到的总比期待的更多！——但在这里，人们已经没有机会在这个贝多芬用以引向终乐章的乐段中，演绎那温柔的回忆了：因为这里同样标注了渐弱。这引人深思的音乐，就好似一问一答。

关于乐谱标注：在这部奏鸣曲中，节奏感在进行曲式的第二乐章中爆发——贝多芬把这首奏鸣曲献给了多萝西娅·厄特曼，这位杰出学生对节奏有精准的把控力，但这一优点却无法让贝多芬感到满意。她最引以为傲的是过硬的演奏技巧，酣畅淋漓毫无

弗里茨·冯·赫兹曼诺夫斯基-奥兰多（Fritz von Herzmannovsky-Orlando）以蘸水笔所绘的趣味插画"贝多芬与他的演奏者"

拘束。她显然研究了贝多芬的所有钢琴作品，并能完美地进行演奏。同一时期车尔尼也曾对这部 A 大调奏鸣曲的终乐章评论道，钢琴演奏者应该在演奏贝多芬后期作品前，先多研究一下他的前期的奏鸣曲。只有真正技艺出色之人，才能驾驭这部作品快速、激烈的节奏。而在演绎抒情性上，多萝西娅显然是无比出色的，其同时代人是这样描述的：在慢速乐章中，贝多芬不再去关注力度标记，因为他完全相信多萝西娅的演绎！同时，贝多芬也自豪地让印刷版本的买家们知晓，在这部新作品中，他使用了因钢琴制造业推进，而在之前演奏中极少使用到的低音："Kontra-E"，其所对应的音赫然写在谱面上。

多萝西娅·厄特曼

1803 年年底，25 岁的多萝西娅·厄特曼成为贝多芬的学生。同时代人称其钢琴演奏堪称完美。从伟大的老师那里，她学会了如何如歌地、极具表达力地划分乐句的艺术："那是一架能弹奏出弦乐般音色的古钢琴，今日，它如同一整个管弦乐团般在演奏。"这让观众沸腾了。因此，作曲家将这部以歌唱般开场的 A 大调奏鸣曲献给了这位女艺术家，可能并非偶然。1809 年，一位评论家曾这样描述多萝西娅的钢琴演奏。

长久以来，我听闻驻扎在维也纳附近的诺伊梅斯特（Neumeister）军团冯·厄特曼少校（von Ertmann）家的夫人，是一位伟大的钢琴家，尤其是她演绎的那些伟大的贝多芬作品，堪称完美。我一直满怀期待，直到有机会与她的妹妹——年轻的银行家弗兰克（Franke）的妻子——前去求教钢琴技艺，才有机会与其相识。她有高贵优雅的外貌、美丽且富有思想的面容，在我第一眼看到这位优雅的女士时，一切都超出了我全部的期待。而当她开始弹奏一首伟大的贝多芬奏鸣曲时，我发出了从未有过的惊叹，强大的力量感与赤忱的温柔，即使是最顶级的艺术家，也很少能将其融为一体；她指尖流淌的每一个音符，都是一个歌唱的灵魂，她那双笃定而技艺娴熟的手——那种力量感，那种对乐器完全的掌控力，一切的一切，那是艺术的伟大与瑰丽，如歌、如诉，这就是她的演奏！在这里，我们无法像通常那样将之称为最美好的乐器，因为，是这位伟大的女艺术家将自己丰沛的灵魂注入其中，它才会被这般奏响，除此之外，它不愿被任何人将琴键按下。

通过年轻的费利克斯·门德尔松·巴托尔迪的一封信，我们可以了解到关于贝多芬与他杰出的学生间，那亲近而充满人性关怀的关系。多年后，他热情地称颂了多萝西娅的钢琴演奏，并描述了这位女艺术家失去最小的孩子后，贝多芬是如何给予她安慰的："当她走进来时，他（贝多芬）坐在钢琴前，开门见山地说：'让我们在旋律中聊一聊吧。'此后的一个多小时间，贝多芬一直在弹奏，并且，就如她（多萝西娅）自己所说那般：'万语千言，他都讲给我听了，也给予了我最终的安慰。'"

辛德勒则用了一种令人印象深刻的方式来描述多萝西娅的演奏：对于同时代的人来说，她的演奏宛若镜子般倒映出贝多芬的钢琴表演。

确切来说，多萝西娅的演奏极为优雅、精致、纯真，同时又不乏深度和感性，她的曲目单上包含普鲁士路易斯·费迪南德亲王的所有乐曲，及一部分的贝多芬作品。在这方面，她简直是无与伦比的。即使是深藏于贝多芬作品中最隐匿的情感，她都能精确地猜出，就如同清晰地写在她眼前一般，同样，还包括那些在许多情况下无法用文字描述的、细微的节奏变化。她知道如何用适度的变化表现每个程度的思想，并通过艺术的方式进行传达，让所有人都能感同身受。因此，她常常能得到大师的极高的称赞。那种对节拍自由的正确理解仿佛与生俱来。而有时，她会跟随自己的感受诠释乐曲的色彩，而非仅仅按照乐谱记号所指示那样演奏，那时，她就是一位独立的诗人，根据自己的判断进行刻画。她能将别人错误理解的许多乐章，演奏出令人惊奇的效果，每个乐章都成为一幅图画。他能让听众在 D 大调第五钢琴三重奏（Op. 70 No. 1）那神秘的广板部分中忘记呼吸，也能让他们在第 90 号作品的 E 大调第二乐章中重新感受到幸福。每一次乐章核心动机的再现，都细腻地采用了不同的诠释方式，时而热烈而亲昵，时而又充满忧郁。艺术家用这种方式与她的听众们进行游戏。但这天才般的表达，绝非源于固执的主观结果，而是完全基于贝多芬演绎自己作品时的方式方法，完全遵从老师作品的内容。在那个时代，没有谁能够比这位女士更好地做到这一点。时光飞逝——直至 1818 年冯·厄特曼上校调任米兰任将军前——多萝西娅在自己家中或别的地方，包括在卡尔·车尔尼那里，聚集了一群真正喜爱音乐的朋友，他们极大地保持和发扬了精英阶层最纯粹的品位。她自己就如同一所音乐学院，若没有冯·厄特曼夫人，贝多芬的钢琴作品在维也纳会更早地从曲目单上消失。这位外表高贵、本人与其生活方式同样精致的女士，以最高尚的意图影响了那些更优秀之人的思想，并在胡梅尔及其后继者推动的作曲及演奏新潮流中坚持自我。因这双重因素，她被贝多芬尊为音乐艺术的修女，甚至称呼其为"多萝西娅·则济利亚"[1]（Dorothea Caecilia）。另一个关键点是，虽然在不断的再创作中，艺术能力将会向更高境界不断精进，但对于厄特曼夫人来说，所有不符合她个人性格的作品，都绝对不会出现在她谱架之上。

"多萝西娅·则济利亚"——贝多芬将这位学生的名字，与那位音乐守护圣者之名连在一起，以此来称呼她，这也许确实意味着些什么。伴随这部题献给她的奏鸣曲，作曲家还附上了一封饱含敬意的、写给这位与上校丈夫同在维也纳西部圣珀尔滕（St. Pölten）居住的心中缪斯的信。

我亲爱的、尊贵的多萝西娅·则济利亚！您势必常常会误会我，因为看起来我老是与您作对，相较现在，过去许多时候（尤其是更早一些的日子）我处理事情的方式却是不甚妥当。您知道，就如同那些无法通过神圣福音获得救赎的信徒，只能去寻求完全不同的其他方法，我不想成为他们中的一员——请您收下那些过去常留赠予您的、见证了我对于您艺术，还有您本人的依

1　即圣女则济利亚（Sancta Caecilia），为天主教、东正教等敬奉的圣人，被视为音乐家与基督教圣乐的主保圣人。

恋——不久前，由于生病我未能去听您在车尔尼处的演奏，而看起来我恢复得非常快。期望尽快听到您在圣珀尔滕的近况——来自您的崇拜者及朋友 L. v. 贝多芬

向您及您尊贵的丈夫致以最美好的祝福。

钢琴制造商友人

约翰·安德烈亚斯（Johann Andreas）与娜内特·施特莱舍是贝多芬维也纳时期的亲密好友。两人经营着一家钢琴工厂，并成为这位作曲家及钢琴家重要的"乐器供应者"。贝多芬非常欣赏施特莱舍家族生产的乐器的质量，相比同类产品来说对其青睐有加。当贝多芬继承了对侄子的抚养权后，娜内特（原姓施泰因［Stein］）和贝多芬常有频繁的、关于教育及生活日常的书信往来。对于他来说，娜内特像是扮演了一位母亲的角色。

同时，她还是位于恩加巷（Ungargasse）的施特莱舍手工工厂的女主人。在那里，人们经常能得到贝多芬关于改进乐器的（尤其是过度损耗下的"耐久性"）的建议。作曲家对施特莱舍所表示的欣赏，也对维也纳的音乐爱好者产生了深远的影响：钢琴制造者请求可以脱模制作这位大师的面部石膏像——1812 年，在琴厂旁的新音乐厅中，一尊新制作的贝多芬半身像摆放其间，它同样成为维也纳市民音乐会产业起步的最早标志之一。有趣的是，同样在这一年，维也纳音乐之友协会成立，而那座堂皇富丽的建筑，则在几十年后才竣工落成。

关于贝多芬对乐器的选用，转折点出现在 1817 年，伦敦的

钢琴制造商托马斯·布洛德伍德（Thomas Broadwood）赠送给这位扬名世界的天才一架具有革命性的现代三角钢琴。这架钢琴强劲的音色，让近乎完全失聪的贝多芬心感喜悦。

音域为六个八度的三角钢琴，P.F. 编号 7362。锡铁与冷杉木箱，托马斯·布洛德伍德 Wsq.，由的里雅斯特（Trieste）的 F.E. J. 巴里奥公司（Bareaux et Co.）寄送——赠与范·贝多芬先生，维也纳，法洛先生（Farlowes）装船，米勒（Millet）[1]。

这来自于这个伦敦钢琴制造商的记录，托马斯·布洛德伍德作为家族企业的领导者之一于 1817 年前往欧洲，并与贝多芬相识。

然而在那个时代，从英国收到一份礼物没有那么容易。在一封作曲家写给里希诺夫斯基伯爵的信中记载了这一情况。

我尊贵的朋友，我亲爱的伯爵！随信您可获悉，关于我获准接收这架钢琴的事，我知道，这是一个巨大的请求。目前这架钢琴很快就要到达的里雅斯特，布里迪[2] 将会处理来自英国的相关手续——在这儿我恳请您，能否劳烦您书面或口头与斯塔迪翁阁下（Stadion）打声招呼，那将是再好不过的了。

1　这则信息见于一本《搬运工日记》（Porter's Book）1827 年 12 月 27 日的记录，这位米勒先生回忆了当年将包装好的钢琴装船的细节信息。
2　即约瑟夫·安东·布里迪（Joseph Anton Bridi）。

布洛德伍德钢琴

　　这位斯塔迪翁伯爵是当时奥地利帝国的最高财政大臣，贝多芬必须就乐器的海关免税检查，与其进行协商。

　　大师对这架钢琴的重视由此可见一斑，而这件礼物给维也纳所带来的轰动，甚至连《维也纳现代杂志》（Wiener Modenjournal）于 1819 年 1 月 23 日都对此进行了报道！文中也必然提到了那位慷慨的赠与者：

　　伦敦的布洛德伍德先生，将这架无与伦比的钢琴，作为对贝多芬至高天才崇敬的见证赠与对方，并将其送至（贝多芬）位于维也纳附近的莫德林（Mödling）的夏日公寓中。

　　杂志的读者们非常清楚这架钢琴在乐器制造方面的巨大变化，同时他们也对布洛德伍德赠与作曲家的这架较之当时常用的钢琴音域都更为宽广的三角钢琴而心存敬意。当时的记者们这样写道：

这是一件昂贵而美丽的乐器，音域覆盖了从大字一组 C（C1）到小字四组 c（c4）六个八度音程，其音色饱满、优美、有力，低音区音色雄浑，高音区音色宛若歌唱，其触键可以同精良的小键琴（Clavichord）相媲美，每个音的控制都很简单。

由于音乐行家们深知贝多芬暴风骤雨般的即兴演奏，因此记者们也对乐器的坚固性十分关注。

此外，这架钢琴拥有无可比拟的耐久性，关于它的坚固性我们可以想象一下，这架琴 1818 年自伦敦装船起航后，途经的里雅斯特，并于当年 5 月底再次出发前往维也纳，并转运至莫德林。送达后，这架钢琴无须任何调音即可弹奏，这是真正的大师之作，其内部构造就如它的外观一样：简洁、朴实、坚固，方便移动到任何需要的地方，真是极为出色。

在琴键上方有一行拉丁文：本乐器为托马斯·布洛德伍德（伦敦）赠与贝多芬的礼物。

在键盘上方前侧，贝多芬的名字被用醒目的黑乌木色铅字印在其上，下方是制造者的名字：约翰·布洛德伍德与其子，将乐器献给他们尊贵的殿下及公主们 / 大普尔特尼街（Great Pulteney Street）/ 黄金广场 / 伦敦。

在键盘的右上方是当时伦敦最杰出的五位钢琴家的签名，他

夏日清新的海利根施塔特，一幅落款为塞吉（Seigi）的水彩画所绘的贝多芬住所

们成为这件出众乐器的见证者，他们是：弗里德里希·卡尔克布雷纳（Friedrich Kalkbrenner）、费迪南德·里斯、J. L. 克拉莫（Cramer）、C. G. 费拉里（Ferari）、C. 库维尔特（Kuyvelt）。

在乐器运送过程中，作为对贝多芬卓越天才的敬意，K. K. 霍夫卡默（Hofkammer）在处理从的里雅斯特寄送此地免税的相关事宜中，给予了帮助。

经历漫长的运输过程后，钢琴的音准必然会受到影响，但那个时代的人们都如此说：贝多芬拒绝任何人给这架三角钢琴调音，直至布洛德伍德从伦敦派来了一位名叫施通普夫（Stumpff）的人……

贝多芬离世后，一位收藏家从其遗产中购得了这架钢琴，并赠与弗朗茨·李斯特,如今,这架钢琴作为李斯特遗产的一部分,在布达佩斯的匈牙利国家博物馆展出。

1817年,贝多芬最后一次住进他在海利根施塔特夏日住所内那三间面朝花园的房中。今日,这栋建筑依旧还在,位于卡伦贝格大街26号(Kahlenberger Straße)。在这里,作曲家可以眺望窗外醉人的自然风景,虽然我们用城市发展角度去想有些难以置信——因为长久以来,海利根施塔特已经算是"城市中心"了。对于贝多芬来说,短暂停留时当地人同样可以激发他的灵感,就如同自己住在这片土地上一样。后来,房东的儿子曾回忆道,每天早上8点左右,这位大师都会带着谱纸和铅笔走出门,朝着可以看到努斯贝格山(Nussberg)的方向。在这里,贝多芬已经在为第九交响曲做准备阶段的草稿了——并且他一直无法决定,是用合唱作为这部作品的结尾(就如同我们今日所知版本),还是选择一个纯器乐的终乐章。但是,我们依旧可以通过后来创作的a小调第十五弦乐四重奏(Op. 132)的终乐章——猜测草稿中所计划的器乐终乐章听起来大概是什么样的。

在此期间,贝多芬与他真正的人生顾问娜内特一直保持密切的书信往来,并且抱怨那里的农村人,"这群混蛋",因为感觉自己一直受到欺骗和背叛,他这样写道。这是他在海利肯施塔特的最后一个夏天。这一年冬天,作曲家再次回到了城市大门前的家中。在那里,他完成了下一部钢琴奏鸣曲的草稿,就如同第九交响曲打破了所有形式和时空的镣铐,这部作品在令人难以置信的规模中,延展出新的广度。

降 B 大调第二十九钢琴奏鸣曲(《槌子键琴》奏鸣曲)(Op. 106)

快板－非常活泼的谐谑曲－持续的柔板（升 f 小调）－广板（F 大调）/
果断的快板

Allegro-Scherzo. Assai vivace-Adagio sostenuto (fis)-Largo (F)/Allegro
risoluto

创作于 1817—1818 年，于 1819 年出版（阿塔里亚）

献给鲁道夫大公

现在，我们迎来了巅峰之时。

对于钢琴演奏者来说，关于第一乐章的"快板"部分，首先
需要面对的就是节拍器带来的问题。由于贝多芬非常欣赏节拍器
的发明，因此，他对自己的一些作品都补注了节拍速度。这导致
出现部分极端速度，让人们不得不去努力证明，作曲家所注的某
些记号一定是错误的。这或许是由于他的耳疾，或许是因为他使
用了有问题的节拍器。

实际上，多年来演奏者们在努力为一个棘手的问题寻找答
案：这部《槌子键琴》奏鸣曲开始的"快板"部分，是否真的能
如贝多芬所标注的那般（每分钟 138 个二分音符），用如此之快
的速度进行弹奏呢？

的确，是可以使用这个速度，通过亲身实践我能这样说，但
那算是钢琴演奏者的技术极限了——并且，想想那些源于对贝多
芬钢琴演奏评价而得出的重要准则：很显然，作曲对于速度并不
要求每一拍都要始终保持，而应从流动感中保持灵活。如果一位
钢琴演奏者真的可以用这个曲谱标注的"号角"（Fanfare）速度开

始这首《槌子键琴》奏鸣曲的弹奏，那么从艺术性来讲的话，如果在此后的"弱音"小节中依旧用这个速度来演奏对开头动机的抒情回答，而不知变通的话，就会在艺术性上落空——并且这会与我们从贝多芬演奏知晓的一切相违背。

因此，一定要灵活，这样就不会在弹奏快速乐章时，陷于谱上所标记的速度而带来的困扰之中。但在此之前，我会更多关注如何演奏慢速乐章：在"持续的柔板"部分，作曲家标注了"每分钟 92 个八分音符"，这同样非常非常快——与其说它"不可演奏"，更应该说这令人难以置信。若真用这样的速度演奏，这个乐章会变得平铺直叙而丧失原本应有的魅力。在简洁、幽默的谐谑曲之后，突然迎来一个彻底的转折（节奏在 112）、一个看起来失去控制的时刻，但是，突然又转入了"柔美的"表情，这个"柔板"部分可以称作音乐史上最无与伦比的时刻之一。

在这里，作曲家在努力追求最丰满的表达深度，无数次的，他不断提醒演奏者们不要忘记：他所要求的是"充满感情的"（espressivo）-"加以更深感情的"（con grand espressione）-"充满大量感情的"（molto espressivo）。演奏这个乐章时常有这样的时刻，台上的我眼中热泪会夺眶而出。

这里所面临的挑战，一方面是指高超技术的复杂度，另外还包括如下规定：当最后一次再现升 f 小调与 G 大调分别带来的最初的和弦张力时，贝多芬要求了一个五小节长的渐慢——这对于基本速度（虽然的确写的是每分钟 92 个八分音符来演奏）来说近似于无限那么长！这里的节奏，已经无关乎钢琴的演奏技巧，而是指更难解决的，如何去表达的问题。

一如在一些贝多芬的早期作品中，这部《槌子键琴》奏鸣曲的终乐章也是通过"引子"从柔板无缝引入的。通过半音移调（Rückung）到 F 大调，在这里，表演者看似无意的在钢琴键盘的整个跨度内进行"扫描"，顺便一提的是，在第五钢琴协奏曲的慢速乐章和终乐章间，也使用了类似的过渡段，以迎接紧跟其后的那个回旋曲主题，在突然爆发之前小心地酝酿着，而在《槌子键琴》奏鸣曲中，终乐章也是以同样的方式酝酿出的。但这部奏鸣曲最终乐章的引子，看起来却比第五钢琴协奏曲中的过渡句复杂得多。在《槌子键琴》奏鸣曲中，那是被陡然中断的节奏与愤怒般的攻击感充斥着的肆意的爆发，作曲家想通过这种"暴力"，在混乱中"突然抓住"主题。

经过了一些"不成功的尝试"后，终于迎来了这个以休止符为特征的、非同寻常的赋格主题。"Fuga con alcune licenze"——在这段用对位法（Kontrapunkt）谱就的段落开头的上方，作曲家如是写道。赋格亦有其自由性——实际上，这是贝多芬相较于从约翰·塞巴斯蒂安·巴赫"传承下来的"作曲技巧中，那终究有所限制的自由度而言的；并且，贝多芬做到了别人几乎不可能完成的事：他写就了听起来与巴赫完全无关的赋格！

由于《槌子键琴》奏鸣曲其本身纯粹又深邃莫测的形式突破，从某种意义来说，它成为钢琴演奏者们即使用尽一生精力都仍然不能彻底理解的作品。对于我来说，这部作品的赋格部分如同一座无法征服的高山，但当我终于通过不懈努力登临山顶之时，却有一种感受，似乎这一路是乘着扶梯轻松而来，突然间，一切都那么有逻辑、清晰，并且能够彻彻底底地去理解。

但即使那些已经能够很好驾驭这部宏伟之作的演绎者们，谱上那些热衷于表现各种细节的标注，仍需要他们不断去重新探索和诠释。在此期间，印刷出版物的编辑者们并非经常能助演奏者们一臂之力，相反，有时还会制造麻烦。

例如，在这部奏鸣曲的第一小节中就有的踏板记号：两次出现的"号角主题"需统一处理，直到第二次"号角主题"结束时再松开踏板。虽然贝多芬在四分休止符前标注了一个延长符号，但这里的的确确是一个休止，并且不能有任何余音！

这适用于第一乐章所有的"号角"小节的引用——唯一的例外是在 267 小节：在这里贝多芬唯一一次使用了小调和弦。为了让这种出乎意外的效果持续下去，他在休止后标注了抬起踏板的星号。让 b 小调和弦在整个用延长符号所标注的段落中出人意料地余音不绝！

而出版者又做了些什么呢？他们在延长符号前也"类似"地给大调主题引用标注了星号，并进行了注解："原版中，在延长符号后标注减弱记号，这是完全的疏忽所致。"但我们这位作曲家，是一个紧紧盯着自己作品的首版制作，并且常常因一个很小的疏忽就对出版者大发雷霆的人！

对于演奏者来说，尤其是像要努力处理《槌子键琴》奏鸣曲这样的复杂作品时，这样的情况会给他们造成很大困扰，在那些声称"原版"却实存谬误的出版物中，演奏者能看到这些出版者在错误位置随意标注的抬起踏板符号。他必须首先阅读这一页的角注或修订注释，才能知道贝多芬究竟写的是什么，并且要求印

作曲家手稿的翻印本值得一看

刷的内容是怎样的。

　　若谁认为这无关大碍的话，那么必须想想看，在一部如此宏大作品的整体关系中，这个不同寻常的和声效果意味着什么。看一下奏鸣曲的 b 小调部分，它在离开 b 小调很远的降 B 大调段落之间，这样的效果已经足够强烈。而当我们继续翻看这部奏鸣曲，可以看到那著名慢速乐章在升 f 小调，就如同第一乐章中的 b 小调一样，离主调降 B 大调五度循环圈的距离。只是这里是 b 小调与升 f 小调——而之前是与 D 大调，其中就包含着第二主题的柔板部分——如此相似的运用！

　　同样在谐谑曲部分，贝多芬直接使用了降 B 大调和 B 大调的对比方法，而在终乐章赋格中，b 小调与 D 大调则扮演了重要角色。作曲在背景中创造了一种所谓的和声联系网络，让我们可以在他如此庞大的音乐架构中加以辨认并得到统一，并且可以让那些明锐的听众轻松领会，即使他们理论上从未涉及过相关问题。

这就是世界上最长的钢琴奏鸣曲所展示的规模，这是贝多芬时代的《槌子键琴》奏鸣曲，跨越了一个世纪直至今日，它依旧是所有钢琴奏鸣曲中最重要的作品之一。

纸媒与"家人"

作为贝多芬最重要的传记作者，亚历山大·塞耶提到了贝多芬时代定期发行的一些重要刊物：今日依旧存在的《维也纳日报》、由约瑟夫·冯·塞弗里德（Joseph von Seyfried）编辑的《漫游者》（Wanderer）、《收藏家》杂志、那个年代的时尚杂志《维也纳杂志》（Wiener Zeitschrift）以及由阿道夫·鲍尔勒（Adolph Bäuerle）主办的《剧院报》（Theaterzeitung），塞耶还写道，在这些刊物中，几乎没有关于贝多芬及其音乐的负面评价。但是，令传记作者们感到失望的是：其中关于贝多芬的信息并不多，因为他并不常出现于公众的视野之中。可一旦出现就会伴随大事，比如随后在学院中奏响的两部交响曲、一部新的钢琴奏鸣曲、合唱作品，以及长久以来大家翘首以待的、传奇的独奏幻想曲，但登台次数依旧屈指可数。

此外，辛德勒在他有关贝多芬生活及创作的记载中也已经注意到了，在 19 世纪 20 年代的中后期，相较于谱曲，贝多芬更常在写信。并且如过去经常那般，他再次更换了住处。这次他搬去了塞勒施塔特（Seilerstätte），住在距离吉安纳塔西奥·德·里奥（Giannatasio del Rio）先生教育学院不远的地方。1816 年春，在贝多芬费劲无数周折终于从弟妹的手中争得侄子抚养权后，作曲家把小卡尔送到了这里。

法庭诉讼的过程耗费了贝多芬的精力及工作生活的时间：他指控那位全无好感的弟妹是一个四处"卖俏倚门"的不可靠之人，因为派人秘密对其观察得出的结论是——她会四处兜售好感而换取利益……

法院因此剥夺了小卡尔母亲的抚养权——但这却是贝多芬与侄子间那困难重重、危机四伏（1826 年卡尔甚至企图自杀）关系的开端，直至贝多芬临终前最后几个月，这段关系才得以和解。

贝多芬不曾建立自己的家庭，但对小卡尔却能倾其所有，他聘用私人教师，并让自己的学生车尔尼教授其钢琴。但也许爱之情切、过犹不及，小卡尔曾出走想回到母亲身边——但结果是，警察又将他带回了寄宿学校。

后世之人（尤其是从心理学角度）对这段往事进行了评注，之前贝多芬与弟弟卡尔（小卡尔的父亲）的关系，同样看起来不太融洽。贝多芬曾在给第二个弟弟约翰[1]的信中，附有一张写着对弟弟卡尔抱怨的便条："上帝啊，请让那位兄弟、那位先生不再漠不关心，而是能设身处地感受一次我的心境吧——我正因他饱受无尽的痛苦，由于日益恶化的听力问题，我常常需要别人，但是，我又能信任谁呢？"

吉安纳塔西奥一家则与贝多芬保持着密切的关系，家中女儿范妮（Fanny）的日记给我们留下了大量的书面记录，其中展现了她对那位年长于她 20 岁的作曲家柏拉图式的爱慕。这位年轻女

1　即尼古拉斯·约翰·范·贝多芬（Nikolaus Johann van Beethoven）。

士从小就热爱音乐，对贝多芬也慕名已久。她用满怀激动的心情记录下了关于作曲家携其侄子前去参观父亲学校的场景。

由于 1816 年贝多芬叔侄的那次造访，可以在现实生活中认识贝多芬所带来的欣喜，让范妮不得不付诸纸笔。1816 年 1 月 25 日，她在日记中这样写道："我常常空自盼望贝多芬能来拜访我们的这种幻想，居然成真了。昨天下午他带着小侄子来参观我们的学院。"她还描述了自己"幼稚得手足无措"，并写道："我感到十分遗憾，因为我脑中塞满了太多想法，所有的预想让我的精神很难集中。可以用这种方式结识这位我如此热爱并尊重的艺术家，我真的无法用文字形容这种美好。就像一个经年期盼的梦，突然间，意想不到竟成真了。若可以与 B.（贝多芬）迈向真正的友谊般的关系，那我将何其、何其地欣喜啊。也许我可以允许自己这样期愿，在他人生的几个小时中给他带来欢乐，但是对于我来说，他已经驱走了我生命中的许多阴霾。源于对他那令人伤感的际遇最诚挚的同情，才让我如此期盼着。与他同行的那位年轻人对娜妮（Nanni）说，B. 以后会常来拜访，这就好似他已经知晓我们长久以来的愿望一样。怀揣着这样的期望我可以如此愉悦地生活，而对他，我更加感兴趣了……"

更为重要的是，从范妮·吉安纳塔西奥的记述中我们可以了解当时的学校制度。她的父亲曾是匈牙利贵族的家庭教师，后来迎娶一位女家庭教师为妻。离任后，他成为一位教育工作者，开设了这间"少年学院"，其中教育培养的大多数都是贵族年轻人。正如范妮的外甥女所写的那样，在这所学校中有"最好的教授"进行讲学——这就是一家精英学校。贝多芬一直在为侄子寻找最佳的机会——在他返回维也纳后，于所在的贵族圈中，他发现了这所学校。但小卡尔的表现却并不常常如学校所愿，直到有一日。他被送回至叔叔的家中——而在贝多芬的坚持下，范妮·吉安纳塔西奥帮助化解了这次危机。

关于贝多芬和吉安纳塔西奥家族之间的良好关系，我们可以通过范妮的外甥女所提到关于母亲（范妮的妹妹）的一则轶事略知一二："贝多芬为母亲的婚礼创作了一首歌曲，歌词是由斯坦恩教授（当时皇子的老师）所填。当母亲婚礼后从教堂回到家中时，他听到了优美的男声四重唱，歌声结束后，贝多芬突然现身，用热情洋溢之词向母亲表达了祝贺，并将这首四重唱的手稿赠与了她。"

此外，她还记录了贝多芬与一位神童的见面。那是发生在吉安娜塔西奥家的沙龙中，当时，姐妹俩正在学习《费德里奥》中的段落及"啊，负心人"（Ah perfido）的咏叹调唱段。偶尔她们会在家中举行小型的歌剧表演，如莫扎特的《剧院经理》（Schauspieldirektor）以及后来舒伯特的《内战》（Der häusliche Krieg）[1]。一次，据说贝多芬这样评价了一位名叫弗朗茨·李斯特的腼腆小男孩的演奏，"这个男孩将给世界出一道难题！"若贝多芬当初真曾这样说过，这字字句句则如同预言……

1　原名《密谋者》（Die Verschworenen），后因审查原因改为《内战》，作品号 D 787。

"贝多芬看起来
是这样的？"

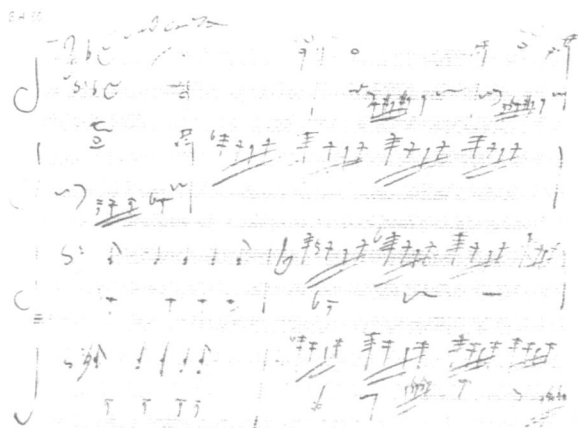

贝多芬在维也纳最后的住所，图为"施瓦茨史班尼亚尔之家"的卧室及琴房

伟大的"小作品"

　　贝多芬最后几年的创作生活充满艰辛，作品数量有限并常常历时数年，但其中却有着直入人心的深度与力量。这不仅是指《庄严弥撒》（Missa solemnis, Op. 123），还包括 E 大调第三十钢琴奏鸣曲和 c 小调第三十二钢琴奏鸣曲。与之相对的则是那些被贝多芬称作"钢琴小品"（Bagatelles）[1]的小型钢琴作品，在贝多芬手稿本中那些关于弥撒曲或大奏鸣曲的草稿旁，就记录着这些色彩纷呈的乐思。

　　同样在手稿本中，还能发现另一部未曾公演过的 e 小调奏鸣曲个别乐章的草稿，并且我们还能由此知晓，日后作为第 109 号

1　法语原意为"小事、琐事"，在音乐中特指纯朴的器乐小曲，多为钢琴曲。

作品出版的 E 大调第三十钢琴奏鸣曲是于 1920 年春天在贝多芬脑中开始成形的。

就在第 109 号作品草稿的同一页上，写有那些钢琴小品的动机和主题，后来它们在贝多芬的第 119 号作品中被呈现出来，虽然它们源自一位名叫弗里德里希·斯塔克（Friedrich Starcke）[1] 的维也纳军团乐队指挥 [2] 的建议。作为《维也纳钢琴学派》（Wiener Pianoforteschule）[3] 的编辑，斯塔克想从贝多芬这里获取一些素材。

自作曲家完全失聪后，访客就需要在对话簿中写下对大师的提问，其中一则是这样写的：

斯塔克希望可以从您这里获得一部小型作品，作为他《维也纳钢琴学派》的第二部分，目前他已经获得第一位作曲家的素材，此外，还请您附上简短的个人简历……我们必须提供给他什么，他不仅有巨大的音乐及文学成就，同时为人极为谦逊、勤勉、有礼。

后来，贝多芬交给了斯塔克五部钢琴小品，虽然就其规模来讲它们无法被称为作品，但却在贝多芬人生最后阶段的创作中非

1　1774—1835，德国作曲家，与贝多芬于 1812 年相识，并曾担任贝多芬侄子小卡尔的钢琴教师。

2　1816 年，斯塔克任第 33 步兵军团乐队的总指挥。

3　斯塔克在 1819—1821 年间出版了《维也纳钢琴学派》，此书对理解维也纳钢琴演奏风格及 19 世纪早期钢琴作品演奏技术的发展具有重要意义。书中所收录的五首贝多芬"钢琴小品"，为作曲家第 119 号作品中的第 7—11 号乐曲，在此书中，他还将贝多芬誉为"音乐苍穹中最醒目的一颗星"（Ein Stern erster Größe am Musik Himmel）。

常典型。由于这些曲子并无形式先例可循，因此即使十分质朴简单，也常能带来巨大惊喜。

后来，这五首小曲被编入第 119 号作品的十一首"钢琴小品"（Bagatellen-Serie）之列，其他六首乐曲则是莱比锡出版商卡尔·弗里德里希·彼得斯（Carl Friedrich Peters）[1] 的委托之作，虽然这背后有一段不甚愉快的书信往来，彼得斯认为相较于他所支付的金额，这些作品未免有些"太小"了。直至 1823 年，克莱门蒂才出版了全部十一首作品，而施莱辛格（Schlesinger）则将其以第 112 号作品进行了再版。直至贝多芬离世后，布赖特科普夫与黑特尔出版社才把这些作品编号为第 109 号。

天才流浪汉

关于贝多芬在那个时代维也纳的社会地位，我们可以通过一些慕名而来者的描述感受一二，作曲家的崇拜者们为此逗留维也纳。他们对大师享受的自由感到惊讶，还包括他对协议公约的无视（由于维也纳会议后对审查的重新管控，政治言论需要谨慎小心）。

一位名叫威廉·克里斯蒂安·穆勒（Wilhelm Christian Müller）[2] 的不来梅来客为我们留下了动人的记载。在故乡，穆勒以身为维也

1　1779—1827，德国出版商，其于 1814 年购买莱比锡的音乐出版社"音乐工作室"（Bureau de Musique）后，出版了巴赫、海顿、舒曼等作曲家的重要作品。
2　1752—1831，德国音乐作家、教育家。在那次旅行中，穆勒于 1820 年 10 月 3 日到达维也纳，并与贝多芬多次见面。后来，他与贝多芬保持着密切的书信往来，1823 年 3 月 23 日，他发表了下文所提的关于贝多芬的回忆性文章。

纳古典音乐的开拓者而闻名。在他家举行的音乐会上可以听到贝多芬最新的作品——演绎者是他的女儿爱丽丝（Elise）——同时代人眼中一位技艺精湛的钢琴演奏者。

1820 年 10 月，穆勒在前往意大利旅行期间途经维也纳，拜访了这位受人尊敬的大师。回到不来梅后，他写了一篇题为《路德维希·范·贝多芬二三事》（Etwas über Ludwig van Beethoven）的文章，并提到：

作曲家在餐厅中随时都能自由、无拘束地开始谈论任何事情，包括政府、警察，还有那些大人物的举止风气，言辞中满是批判和讽刺。警察虽知晓此事，但却听任不管，或许他们只是将其看作一位空想家，抑或是源于对他杰出艺术天才的敬重，一切风平浪静。并且他的见解主张是：相比维也纳，人们在任何地方都不可能毫无约束地任意而言，在他看来英国宪法是最为理想的。

根据这份保存于不来梅、关于穆勒"家庭音乐会"的文献我们还能了解到，在当时那个时代，是如何向那些并无准备的听众推荐最新类型音乐的方法与策略，因为仅凭音乐本身并不足够。《不来梅报》（Bremer Zeitung）的编辑卡尔·艾肯（Karl Iken）就曾为这些新作品创作标题性的诗歌文字，并在演出前进行朗读。

自信的主办者将包含诗体介绍性文字的节目册寄给了作曲家——对方因此大为不悦。曾经贝多芬对自己的第六交响曲使用了这样的限制性描述："比图像更能传递情绪"，因此，他更会强烈禁止那由陌生之手对其作品的"描绘"！针对所有这些标题性的材料，贝多芬对其秘书辛德勒口述了一份语气友好却言辞坚定的抗议书。在辛德勒的记录中这样写道："即使真的需要说明，也应总的来说只限于作品的特性，这本不是给受过专业教育的音乐家们准备的。"

对于我们来说，穆勒关于贝多芬的笔记同样是极为重要的资料来源，他在其中生动地描述了那个时期作曲家的外貌及习惯：

从他的外表来看，一切都那么有力量，其中一些会有些粗糙——那嶙峋的面骨，配以高耸宽阔的前额与棱角分明的短鼻子，还有那向上翘起的凌乱卷发。但他同样拥有秀气的双唇，会说话的美丽眼眸，在那其中时时刻刻都闪烁着瞬息万变的思想和情绪——优雅的、满怀爱意的、肆意的、愤怒的，甚至是令人恐惧的。

一则可靠的轶事向我们展示了作曲家并非时时都衣着得体，因为通过他的外表常常不能一眼认出，这个人是一位上流社会中极具声望的重要人物。那是他在维也纳新城近郊消夏避暑中的一天，在漫长的散步途中贝多芬迷了路，为了寻求帮助，他将目光投向了一个陌生人家的窗户。但愤怒的人们以为他是个流浪汉，并叫来了警察。作曲家被逮捕了。他再三说明自己是贝多芬，但是没有人相信。虽然人们都耳闻其名，但是"贝多芬看起来是这样的"？接近午夜时分，警察们终于再也无法忍受这名囚犯的狂怒了，他们找来了一位证人——维也纳新城的乐团经理。他来时睡眼惺忪，但刚瞥了大师一眼就立刻清醒了。"他是贝多芬！"他大喊着向作曲家伸出手臂想给予其"庇护"。那天晚上，贝多芬住在了他家中"最好的房间"里。第二天，豪华的公车将大师送回了他在巴登的避暑别墅。

但更为敏锐的灵魂则不会被外表蒙蔽。吉尔哈德是贝多芬童年好友斯特凡的儿子，他在一次与父母散步的途中与贝多芬相识，那时他还只是个孩子。他是这样描述贝多芬的外套的："甚至都不如市民阶级体面"，但在"他整体中又包含着些什么，那不属于任何阶级"。

Die drei letzten Sonaten (1820—1822)

最后三部奏鸣曲

（1820—1822）

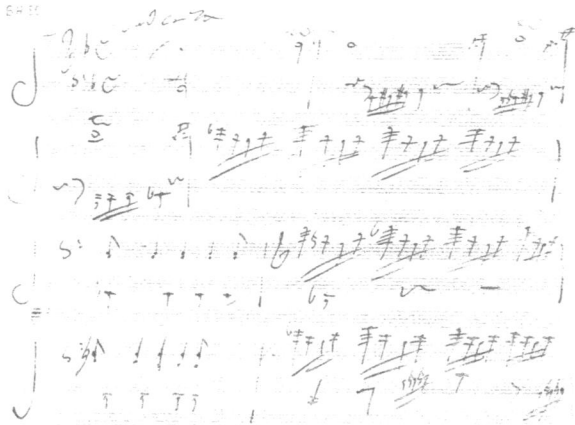

约翰·塞巴斯蒂安·巴赫的魔咒

当演奏贝多芬全套奏鸣曲作品时，我从不将 E 大调第三十钢琴奏鸣曲、降 A 大调第三十一钢琴奏鸣曲和 c 小调第三十二钢琴奏鸣曲三部作品分开。或许仅仅就是如此，因为他们之间确实没有什么关系。虽然在第 109 号和第 111 号作品中都有变奏曲乐章，但除此之外他们之间毫无相同点；同样，即使是 E 大调作品与降 A 大调奏鸣曲那柔和的开端，也只是看上去可能有点相似。

这三部作品诞生于贝多芬身体每况愈下的一个时期，作曲家常常几个月都无法工作、无法外出。也许，当年轻的同行弗朗兹·舒伯特带着题献予大师的变奏作品来看望他时，贝多芬会感到欣喜，乔阿基诺·罗西尼也同样拜访过贝多芬。作为交响乐作曲家，贝多芬因这个意大利人在歌剧上取得的成功十分气恼，还包括那在维也纳掀起的"罗西尼热"，至少在短时间内让人们将贝多芬的成功抛诸脑后！对于这些意大利歌剧成就，贝多芬对辛德勒说："他们在艺术史上无法取代我。"可罗西尼所面对的是一位十分友好的主人，临别之际当罗西尼正在下楼时，背后传来了贝多芬的喊声："多写一些理发师这样的作品吧！"所言是指那部至今依被视作最伟大的意大利美声唱法成功之作，即《塞维利亚理发师》（Barbier von Sevilla）。即使贝多芬愤愤不平，并对歌剧演员的举止冷眼相看（让我们回想一下降 E 大调第十八钢琴奏鸣曲中那模仿歌剧的中间乐章），但贝多芬仍旧懂得欣赏罗西尼——

那位来自佩萨罗（Pesaro）的先生！

这些年里，贝多芬最主要的工作就是完成"庄严弥撒"的创作，他将其视作自己最重要的作品，并在其中汇聚了此前几个世纪西方的声乐风格。鲁道夫大公早在 1820 年春天就被任命为大主教，而"庄严弥撒"是在两年之后才完成创作的。同样在第109 号至 111 号三部钢琴奏鸣曲中，也汇聚了几个世纪以来的音响效果。毫无意外的是，在这部作品中贝多芬再次运用了多年前就练就的、源于约翰·塞巴斯蒂安·巴赫的赋格技术（正如巴赫在他自己弥撒作品中的运用），并将其与经典的奏鸣曲式结构融为一体——而理论学家很多年后才将其付诸文字。

E 大调第三十钢琴奏鸣曲（Op. 109）

不太快的快板 - 最急板（e 小调）- 充满表情的如歌的行板
Vivace ma non troppo-Prestissimo (e)-Andante molto cantabile ed espressivo
创作于 1820 年，于 1821 年出版（施莱辛格，柏林）
出版社委托作品，献给马西米丽亚妮·布伦塔诺（Maximiliane Brentano）

关于这部奏鸣曲的开始部分，我常常会这样建议我的学生们：不要按照贝多芬所写那样将主题拆分处理，而是用和弦的感觉演奏一遍。这样做可以让人以最简单的方式理解并感受旋律。此后，便会觉得"拆分"版本听起来是那么地自然——正如谱面所标注的"柔美的"这个表情一般，而不会成为我们常常所听到

布赫宾德在伦敦皇家节日大厅的首次登台——E 大调奏鸣曲（Op. 109）就在当时的节目单上

的"车尔尼练习曲"般的。

在"不太快的快板"之后，很快便出现了"充满感情的柔板"（adagio espressivo），在这里，作曲家常常在 32 分音符上都标注了"充满感情的"（espressivo）。并且，两个"充满感情的"表情之后都标注了"原速"（a tempo）。这里所示同样是一种对速度的敏锐控制：如果谱面上标注了"充满感情的"，速度的流淌自然也会发生变化！否则后面就不会标注"原速"。

在作品的高潮之处，那看似温驯的抒情乐章却蕴含着庞大而痛彻心扉的表现力，幸福与痛苦相依并存！

在变奏曲乐章中，充满了出人意料的丰富对比与那些细小之处的惊喜，并包含了丰富的对位法细节，作曲家仿佛要在最小的空间中，一次将所有的作曲技法都示以世人。

财务危机

虽然 E 大调奏鸣曲在有些时候创造了令人目醉神迷的声音世界，但我们不能忘记，创作这部第 109 号作品时贝多芬的生活并非晴空万里，与出版商往来的信件中无一不透露出他所面对的经济困境。

1820 年 12 月，也正是贝多芬忙于完成 E 大调奏鸣曲的创作之时，他在一封给阿塔里亚出版社的信中这样写道：

在此，我需向您致以最诚挚的谢意，感谢您预付给我 750 维也纳弗罗林（fl. W. W.[1]），按照尊贵的红衣主教殿下[2] 的示意。我将收据交付给您。现在我有丧失所持八个银行股份其中之一的风险，为此，我想再次恳请您预付 150 弗罗林传统币（fl. C. M.[3]），我向您保证从即日起三个月内一定偿还。为了表示对您的感谢，我将为您提供一部目前我正在创作乐曲的所有权，它可能包括一两个或是更多乐章，对此您无须支付任何费用。

而在另一位出版商那里，这种不受欢迎的来信甚至演变为激烈的争执场景。正如贝多芬自己用铅笔所记录的那样，自 "1816

1　"W. W." 为 "维也纳货币"（Wiener Währung）的缩写。
2　此处指作为奥洛穆茨红衣主教和大主教的鲁道夫大公。
3　"C. M." 为 "传统币"（Conventionsmünze）的缩写，根据 1858 年史料记载，当时 1 弗罗林传统币等于 2.5 维也纳弗罗林，与下文内容相符。

或 1817 年"起，他就一直向西格蒙德·安东·施泰纳借款，而现在他们无法就利息额度达成共识！仅在给阿塔里亚的信发出几日后，新年之际，作曲家就读到了施泰纳写来的那不甚令人愉快的文字。信中，他就三首序曲交印之事告知了贝多芬，同时也强烈抱怨了经济问题。

随信为您附上三首序曲的总谱，还请您仔细核对检查，并完善其中可能遗漏的错误。在收到您的修改后，我们将立即制版印刷，让这部新作尽快与公众见面。根据您对我所言，还有您寄给我的账单，我并不、更无法对此感到满意；当您需要现金时我向您收取了 6% 的利息，而我却要为您在我这里的钱付 8% 的利息——可我之前非常干脆准时地给您支付了那笔钱——为什么享受权利时，就必须损害别人的利益呢；况且，以我的自身的情况也不允许我不收利息给别人借款。

在您身处困境之时，作为朋友的我向您伸出援手，并对您的诺言深信不疑。而且，我不仅没有过分地催促过您，也没有以任何别的方式让您感到困扰。我，必须郑重地对您的指控提出抗议。

您可以想想看，我给您的部分借款已经五年了，请您扪心自问，我是不是那种极少会有的、完全不去纠缠的债主。若非我的生意急需大量现金，现在我仍会继续体谅而耐心地等待。若我能够少相信一点的话，相信您可以在我同样遇到困难之时能施以援手，并信守承诺，可即便如此，面对万般困难，我依旧愿意再等一等。当我回想 17 个月前向您还款 4000 弗罗林传统币现金（大约折合为 10000 维也纳弗罗林）时，在您的请求下我并没有从中扣除您欠我的利息，可全部的好意和对您极大的信任换来的只是双倍的痛苦。

每个人都知道自己的软肋，我亦如此；因此，我再次恳请您不要让我如此为难，想办法尽快归还我的借款。

此外，伴随我的请求也请您收下我的新年祝福，并为您送去我遥远的善意与友情，若您可以信守诺言并尽快来找我的话，但与之相比更能令我感到开心的是您可以早日康复，并能提笔创作。

上帝保佑您一直康健、如意、快乐。这也正是您最忠诚的 S. A. 施泰纳所希望的。

可以理解的是当时作曲家一直饱受疾病困扰，并且开始要为《庄严弥撒》与好几家可能的出版商讨价还价。这部作品的创作已历时数年，是他这个阶段最重要的作品。这一切已经让他无力承受，但"无力承受"的不止是他：由于《庄严弥撒》实在是太长了，在宗教仪式上根本无法使用……

降 A 大调第三十一钢琴奏鸣曲（Op. 110）（191）

充满感情的如歌的中板 - 很快的快板（f 小调）- 不太慢的柔板（b 小调）/ 宣叙调 / 不太慢的柔板（降 a 小调）- 赋格：不太快的快板
Moderato cantabile molto espressivo-Allegro molto (f-Moll)-Adagio ma non troppo (b-Moll)/Recitativo/Adagio ma non troppo (as-Moll)-Fuga：Allegro ma non troppo

创作于 1821—1822 年，于 1822 年出版（施莱辛格，柏林）
委托作品

很少能有一部奏鸣曲像降 A 大调第三十一奏鸣曲这般，如此极端。当然在《槌子键琴》奏鸣曲中，互不相容的因素也被组合在一起，但我们在这部篇幅更短的作品中看到，在最有限的空间中同样呈现出了这种对抗。从精神性来说这是最伟大的奏鸣曲之一。实际上——就如同第 27 号作品和前文所述的 E 大调第三十钢琴奏鸣曲一样，这部 A 大调奏鸣曲同样是"幻想曲般的"，因为它的所有乐章间都无缝过渡。

谈到过渡：我认为赋格曲相对平静的节奏，来源于柔板乐章中咏叙调的十六分音符的行进与赋格主题中八分音符之间的关系。这里自然而然需要"速度同前"（L'istesso tempo）这个表情，即与慢速乐章同样的速度——在这里，我们可以很好地看到咏叙调中的十六分音符与赋格曲的八分音符速度相当。因此，最后一个乐章不应演奏得太快，它的确是一个"不太快的"快板，这样音乐也有足够的呼吸空间来进行结尾的推进，从而达到类似"英雄变奏曲"中最后几小节所具有的情绪浓度，但其过程却比早期作品更加简洁、凝练。

c 小调第三十二奏鸣曲（Op. 111）

高贵庄严的、朝气蓬勃而热烈的快板 - 小抒情曲：极为朴素的如歌的柔板（C 大调）

Maestoso/Allegro con brio ed appassionato-Arietta：Adagio molto semplice e cantabile (C-Dur)

创作于 1821—1822 年，于 1823 年出版（施莱辛格，柏林）

委托作品

"最后"一曲！

32 部奏鸣曲中的第 32 部，必然笼罩着神秘的色彩，当然这部 c 小调奏鸣曲的确是"很特殊的"。虽然在此之前的那些奏鸣曲同样也是"特殊的"，但这部第 111 号作品甚至被上升到很高的文学高度。托马斯·曼（Thomas Mann）[1] 曾经为这部作品的结尾献上了近乎哲学性的思考，并将其最后几小节推崇至如彼岸天国般的境界：贝多芬通过在全音序列中插入半音来"增加色彩感"，这被托马斯·曼称为"世界所带来最大的慰藉和最向往的释然"。在人生最后的时光中，贝多芬写下的每一个小节的音乐，看起来如同留给后来之人的启示。

敏锐的观察者则会把这部奏鸣曲最初的几个小节与"悲怆"奏鸣曲的开始部分联系起来——这里作曲家再次诠释了巴洛克式的"法国序曲"（Französische Ouvertüre），只是这里听起来更加粗粝、如木刻一般。这里的和弦——几乎也曾出现在亨德尔的作品中的和弦，之后却转向了陡然向下的八度跳进。在这里我们又看到了那位"巨人"贝多芬，至少在瞬息之间。

通过贝多芬的手稿本我们可知，在嶙峋起伏的快板前加入缓慢的引子的想法，诞生于作曲家写作草稿的创作过程中。他不断

1　1875—1955，德国文学家，凭其作品《布登勃洛克家族》（Buddenbrooks: Verfall einer Familie）于 1929 年获得诺贝尔文学奖。

贝多芬最后那部钢琴奏鸣曲（Op. 111）的手稿

尝试，并进行实践。

同时，贝多芬依旧在不断地挖掘乐器的潜力。在最后这部奏鸣曲中，他将钢琴演奏的音域范围扩展到前所未有的极致，在音乐的"真实"中进行着理论的探索。我不确定，若是一位并未失聪的作曲家，是否会如贝多芬这般，在乐曲约倒数五页中设立两个相距甚远的独奏声部：左手和右手之间的距离超过了四个八度——即使当钢琴调音很准确，听上去依旧很奇怪。

贝多芬表达的愿望、传递的诉求一如既往地强烈。在最有限的空间中他标注了大量的表情符号如"充满感情的""加强每一个音""稍稍突慢"（poco ritenente），甚至在"很强"的音响中还要有"突强"，并且只能用四指或五指来演奏颤音，因为其他的手指要演奏变奏主题——虽然有些钢琴演奏者会使用左手协助来降低这些位置的演奏难度。当然，相比现代三角钢琴，如果用琴键宽度更窄的古钢琴来演奏第 111 号作品这样的乐段会更加容易。考虑到第 111 号作品已是地狱级的难度，若当初作曲家知道我们今日的施坦威（Steinways），他又会写成什么样的呢？

另外，第 111 号作品也是"幻想曲般的"——直到第一乐章结束，贝多芬都没有取消"踏板标记"——在这里，身为钢琴演奏者可以感受到一种绝妙的声音平衡：结束第一乐章的 C 大调和弦在这里渐渐消散，并让紧接其后咏叹调般的主题缓缓流淌而出。

在最终乐章中，尤其令人感兴趣的是其中的速度标记。它实际上缺少了一个逗号，这给人理解造成困难：标注为"Adagio

molto semplice e cantabile",但我们应该理解为"简单如歌的、较慢的柔板"(Adagio molto, semplice e cantabile)还是理解为"较为简单如歌的柔板"(Adagio, molto semplice e cantabile)?

但若我们能看一眼原始手稿则会大有帮助。感谢上帝,贝多芬亲笔书写的奏鸣曲原稿得以保存至今。手稿真迹的翻印本给人的感觉是:最初乐章的上方只写了"柔板","较为简单如歌的"一行字是后来添上去的,这或许给我们提供了答案。但伴随这个疑问,这部作品中许多其他问题接踵而至——作为诠释者,我们必须一次次重新思考……

晚期作品之谜

作曲家与施莱辛格父子(他们在柏林及巴黎)关于最后三部奏鸣曲的通信,如聚光灯般将同时代人对于贝多芬晚期作品的不理解清晰地展现在我们眼前。作曲家变幻莫测地构造出幻想般的形式世界,这让行家们感到困惑,他们甚至会问是不是"漏掉"了些什么,比如说 c 小调奏鸣曲是不是缺少了一个"快板"终乐章!

在第 110 号作品刚开始排印之际,小施莱辛格[1]给贝多芬写了一封信——这封信从巴黎寄出,而那时,同在巴黎的老施莱辛格马上就要印刷乐谱。在一系列的恭维赞扬之语后,这位出版商

---

1 莫里斯·施莱辛格(Maurice Schlesinger,1798—1871),德国音乐出版商。其于 1821 年前往巴黎开始音乐相关商业活动。

的儿子小心而迂回地提出了自己的疑问，他甚至试探贝多芬是不是不愿提供更多的作品，因为人们显然不愿意承认，这么高产的艺术家如今创作竟如此之慢。

如您所闻，现今我已在这里（巴黎）立足，为了能更好地传播您的音乐，并使其外在能够与内容相称，我们会在这里进行印刷。目前，第二部奏鸣曲已经完成了制作，很快就能与大众见面了。令我十分欣喜的是，前几天我收到了您的第三部奏鸣曲[1]，这其中有如此之多的美妙之处，这真的只有像您这样的大师才能写就。在交付印刷之前，请您允许我恭敬地向您请教：这部作品是否只有一个"高贵庄严的"乐章和一个"行板"乐章[2]，或者是否有可能是抄写员忘记誊写"快板"乐章了？因为每部大师之作都必须严格按照创作者的意愿印刷，因此我必须履行我的职责向您求教，若没有问过您就直接刊印这部作品那真是完全不正确的。倘若我的父亲与我能有这个荣幸，可以收到您创作的四重奏或五重奏杰作，我将为之无比欣喜。[3]您已经有一段时间没有为这个世界带来这一类作品了，因此您一定不会对我的请求感到诧异，或许，有些已经完成并放在您的文件包之中了。此外，您是否有意愿为我父亲写一部独唱或多个声部的艺术歌曲呢？

1　这里是指 Op. 111。

2　c 小调第三十二奏鸣曲共由两个乐章组成，施莱辛格于此处给出的乐章描述不完整，并出现部分错误。

3　根据波恩贝多芬博物馆一封写于 1821 年 12 月 12 日的信件（编号 1450）可知，莫里斯·施莱辛格的父亲于 1821 年就曾向贝多芬询问过四重奏及五重奏之事。

约瑟夫·卡尔·施蒂勒（Joseph Karl Stieler，1781—1858）所绘创作《庄严弥撒》的贝多芬

在这封信中，莫里斯·施莱辛格还提及了对于准确节拍的标注。当梅采尔发明的节拍器迅速流行后，人们想知道贝多芬的"快板""行板""柔板"究竟对应的是什么速度。

不知可否恳请您在回信中一并告知我们，三部奏鸣曲所忘记标注的节拍器节奏到底是什么，这可以让那些业余爱好者用习惯的方式遵循大师的意愿演奏这部作品。世界敬候您的指点。

此外，还表现了收藏贝多芬手稿的心愿，当作曲家还在世时，他的手稿已经可以让收藏家们心跳加速了。

我将永远铭记有幸同您共度的时光，您赠予我的那部卡农[1]开始部分的手稿被我视作圣物，并极尽全力用心保管，以此分享给那些未曾如我这般幸运、不能亲眼目睹您亲笔所写之物的人，若一日有机会可以得到您所写的一首小浪漫曲，或任何一部小型作品，我与我的朋友定会将其珍藏。为此，希望能有机会为您效劳或令您开心，那将是我莫大的荣幸，恭候您的吩咐，您忠诚的莫里斯·施莱辛格。

对于小施莱辛格关于第 111 号作品第三乐章那小心翼翼的询问，贝多芬并未给出回应，因此，1822 年 7 月 13 日，老施莱辛格[2]又给贝多芬这样写道，

想询问关于您寄给我的第二部奏鸣曲，即第二乐章为"小抒情曲：极为朴素的如歌的柔板"的那首，（我们）并没有收到第三乐章作为结尾，并且也不知作品的受赠者是谁。恳请您通过邮寄或转告我身在巴黎的儿子，地址为：莫里斯·施莱辛格，音乐书商和书店，大道旁黎塞留河旁，马拉加河岸 13 号。

施莱辛格父子关于 c 小调奏鸣曲"快板"最终乐章的再三询问，看起来令贝多芬大为不悦，或许两人还有别的"不当之处"。无论如何，两人都未能得到《庄严弥撒》出版资格的谈判机会。

1　曲名为《信仰与希望》(Glaube und hoffe)，作品号 WoO 174。
2　即阿道夫·马丁·施莱辛格 (Adolf Martin Schlesinger, 1769—1838)，德国音乐出版商。

仅在收到施莱辛格最后那封信两周后，贝多芬就写信给卡尔·弗里德里希·彼得斯："施莱辛格绝对不可能再从我这里得到任何东西，他们只会对我要犹太人的把戏；总之，他们绝对得不到这部弥撒曲。"

通过与安东·迪亚贝利（Anton Diabelli）的通信，我们可以看到贝多芬对其作品出版工作的一丝不苟，迪亚贝利在卡比出版社负责 E 大调奏鸣曲的再版工作。这部第 109 号作品首先由施莱辛格在柏林出版，此时又将在维也纳再次印刷。通过现存信件可看出贝多芬的谨慎仔细。

1821 年 6 月 7 日，德布灵
尊贵的阁下！

可惜我前几日才收到您所寄之物，当时我尚未在维也纳……虽仅是匆忙一瞥，但奏鸣曲的抄录看上去几乎是完全正确的。柏林版的第一、第二次修订原应在此基础上进行，然后再寄给我，因此现在有非常多的、重要的错误需要修改。我可能必须得标上数字，才能确保所有内容被正确辨读——从今天起，八日后修改稿可以被送上邮车，这是绝对必要的……我的健康状况仍不稳定，并且在我前去医生指定的温泉疗养前可能一直如此……另：请您一定不要在修改完成前出版这部奏鸣曲，因为其中的错误实在太多了……

不久之后贝多芬又在另外一封信中抱怨道：

后世之人眼中作曲家的创作过程。弗朗索瓦·约瑟夫·艾梅·德·勒缪德（François Joseph Aimé de Lemud, 1816—1887）所绘贝多芬的仿作

　　请查收修改稿，这真是前所未有困难而艰巨的工作。

　　在柏林的第一次修改中没有解决这些问题，导致现今有如此之多的错误，甚至都无法写在这印刷稿上。现在需努力确保抄录完全正确（因为我的原稿看起来并不太好辨读），这是现在一切的前提。在印刷稿上部分错误已用红色墨水标出，小节则用灰色铅笔标注。

　　抄录稿中的更改已用红色墨水标出——错误列表也使用的红墨水。许多打印稿上的错误很有可能在索引中找不到，但这已是我目前能给出的最佳修改稿了，相较而言我的手稿则不能给出什么建议了。此外，必须请一位专家一直在场，并需二至三次校验，直至印刷版与抄录版近乎吻合——我相信这需要花费无尽的精力来完成这些修改……

对于那些歪曲其艺术意愿的"盗版"出版物，作曲家甚至会通过登报进行反击。1825 年 2 月他刊登了如下消息：

作为义务，我需向音乐大众就一部四手连弹钢琴谱进行全面通告，这部由陶特韦恩（Trautwein）在柏林出版的《贝多芬节日序曲作品》（Fest-Ouverture von Ludwig v. Beethoven）与我最后那部序曲作品的原版总谱完全不相符，由卡尔·车尔尼先生编写的独奏及四手连弹钢琴谱完全忠实于总谱，其作为唯一的合法版本即将问世。路德维希·范·贝多芬。

»... er ist ganz der Kunst eigen«

"他，就是艺术"

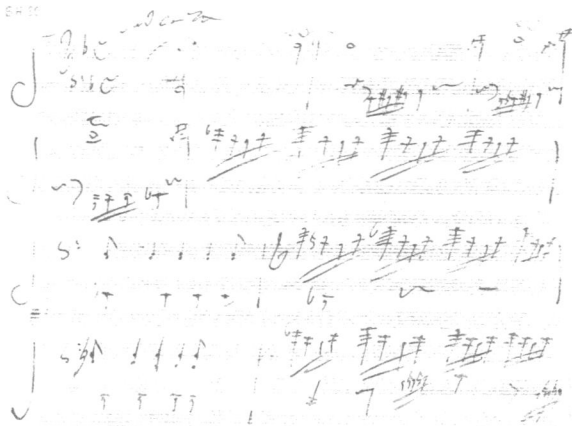

生为传奇

在最后三部钢琴奏鸣曲问世之时,路德维希·范·贝多芬已是一位"活着的传奇"。

一份来自伦敦爱乐者协会的委托合同:他们预订了一部新交响曲,虽然报酬并未达到贝多芬预期,但他依旧接受了。第九交响曲的创作已历时许久,新工作接踵而至。"即使英国人所付酬金无法与别的国家相比,"他如此评价伦敦的邀约,"我也可以不计任何酬劳为欧洲顶尖的艺术家们创作,我并非是那个一直穷困的贝多芬。假若身在伦敦,我会为爱乐者协会的所有人写些什么!感谢上帝,贝多芬会作曲,在这世上无出其右。只要上帝能重新赐予我健康,即使是那最轻微的一点点改善,那么,我可以满足欧洲各处,甚至是来自北美的所有邀约,并且,可以继续生活。"他虽然需要金钱,一如自称是"穷困的贝多芬"——但是他以合唱的形式用席勒的《欢乐颂》(Ode an die Freude)为自己的交响曲画上句号;对于同时代人来说这部作品是个"怪物",但同样是天才般的"怪物",并且绝非是贝多芬"晚期作品"中唯一的一个……

关于这个将作品内容、外在都拓展至不可思议维度的人,我们可以通过报道一觑他给同时代人所带来的感受,正如 1823 年 11 月 15 日《维也纳剧院报》(Wiener Theatre-Zeitung)所刊登历史学家、出版商约翰·斯波契希尔(Johann Sporschil)所述内容一样。通过报道,我们知道的不仅仅是在《费德里奥》首演之际其序曲尚未完成的信息。

　　路德维希·范·贝多芬属于这一类人：不仅维也纳或德国，他被欧洲及我们整个时代所颂扬，并与莫扎特、海顿一起成为无可匹敌的音乐三巨匠。那极具创造力的深度、持续的原创性，以及他作品中奔涌不息的灵感所蕴含的伟大情怀，即便在意大利式的叮叮当当声与现代化的音调中，依旧能使其得到每一个尊崇神圣波吕许谟尼亚（Polyhymnia）[1]之人的肯定。这里不论其作品，仅就其人格而言！正如贝多芬自己所述那般，他的人生更是一种内心意志的生活，外界的事很少能影响他。他，就是艺术。深夜中他仍在伏案工作，破晓时分书桌又唤回了他。接连不断的催稿信令他极为不快，他只愿为灵魂自由创作，而非受到任何强迫。艺术对他来说如同神明，而非获取名声或金钱的手段。他鄙夷所有的表象，坚持艺术与生活中的真理及个人品格。当他的《费德里奥》首演之时，其序曲部分尚无法演出，人们只得先演奏了他写的另一首序曲。"人们报以掌声，"贝多芬这样说，"我却十分羞愧，它并不属于作品整体。"他不会假装，若有人问及他对作品的看法而他也认为值得回答的话，他定会直言不讳。他会断绝一切与男子气概和崇高荣誉相违背的关系。他所求的、他执着的、他所愿的仅仅就是正义。他完全不会行不公平之事，在我们这个时代极为罕见的是，他也全然不会为不公所累。对待女性他怀有温柔的敬意，那感受如同处子一般纯洁；对待朋友他心存宽

1　希腊神话中司颂歌及哑剧的缪斯，亦被称作"颂歌女神"。

厚，每个人定会以某种方式感受过他友善的性格。对于那些轻鄙之事，他有车载斗量的玩笑可对其冷嘲热讽，只可惜与他的对话只有他这一方在口述表达。艺术、科学、自然给予他安慰，他是歌德作品的崇拜者；他很愿意回忆与这位著名诗人在卡罗维发利共度的那段时光。"那时我的听力会好一些！"在歌德的描述中，坐在旁边的他语调轻柔，仅是那和顺亲切的瞬间已足够令人动容。他极为热爱无拘无束的自然，即使是冬季最恶劣的天气，也很难让他在房中待一整天；若是夏天他在乡间时，通常日出之前他就已经来到繁花盛开的花园中——因此他壮丽的作品一如那神圣的自然，而在其中度过的时间就是"比任何时刻都更接近精神世界"[1]。他几乎每天都能收到来自欧洲各地，甚至是遥远美国对他天才的肯定。令他深感痛苦的是，从乡村迁居城市的几年中，他所有的书信都丢失了，或许是缘于疏漏，或许是委托之人搬运时的不忠所致——那些人通常只觊觎他的艺术创作。他曾在威斯帕布罗德（Vesperbrod）的一间客房入住，侍者报出他的名字后引起了一位英国船长的注意，这让他（船长）喜出望外，因为在东印度时他就由衷惊叹于那些壮丽的交响曲。英国人无可言状的敬意让他（贝多芬）十分欣喜，但至于登门拜访，那还是不要了，时间对于他来说太宝贵了。除艺术外他的全部精力都放在了侄子卡尔的身上，他对这位丧父的孩子做了"父亲"一词所包含的一切。

1　出自席勒戏剧作品《华伦斯坦》（Wallenstein）第二幕第三场，原文为"人的一生中会有许多瞬间，让他比任何时刻都更接近精神世界，可以向命运自由发问"（Es gibt im Menschenleben Augenblicke, wo er dem Weltgeist näher ist als sonst, und eine Frage frei hat an das Schicksa）。

除侄子外，他在维也纳还有一个兄弟约翰·范·贝多芬，他是一位药剂师。

在出版了最后三部钢琴奏鸣曲后，兄弟约翰再次与贝多芬亲近起来，约翰以他的名义与出版商通信——有时，甚至没有征求他本人的意见。此外，约翰还需照顾他的日常生活、操心他的住处（虽常不能令其满意），并为小卡尔费心。一些写给"亲爱的兄弟""强大的地产主"的信件至今被保留了下来（约翰在多瑙河畔克雷姆斯市 [Krems an der Donau] 的格奈森多夫区 [Gneixendorf] 购买了房产），它们记录了两位范·贝多芬先生之间那时常有些紧张，却十分良好的关系。

贝多芬曾给约翰这样写道：

请不要对我不耐烦，因为我确实给你添了许多麻烦，我希望可以找到办法，至少能将我的点滴感激之情表达出来。卡尔请我拜托你把他的鞋子带到德布灵，还有在我的公寓中……那个有侧门房间里的那把睡椅。那架英国钢琴琴腿上的螺丝必须要紧一紧了，你是不是需要多带几个人去德布灵的小公寓？

健康、规定的理疗，当然还有经济问题——这都成为贝多芬人生最后几年中不变的话题：

现在我需要去巴登，在那里做三十次水疗，如果可能的话，我会在那里待到 8 月 6 日或 7 日。若不介意尘土与炎热，你愿意来这里帮我几天吗？在巴登你可以与我共度 8 天自由时光。在这里，我还需继续校正那部弥撒曲，因为这部作品，再加上其他一些小作品，我能从彼得斯那里挣到 1000 弗罗林传统币。他说已经先付了 300 弗罗林传统币，你可以看看那些信，我还没有收到这笔钱，……我从巴黎还有维也纳的迪亚贝利那里都收到了邀约，它们最近都在抢着要我的作品。我是个何其不幸的幸运之人啊！！！——包括柏林那边也想要预订——若我身体能好一点，就应该还能应付得过来。

贝多芬与鲁道夫大公保持着良好关系，身为红衣主教的大公每次回到故乡维也纳时都会拜访他尊敬的老师。在贝多芬写给兄弟的一封信中也提及了此事，同时也为了打消自己关于经济资助的错误希望。

红衣主教大公来这里了，我大概每两周会去看望他一次，尽管已不寄希望于慷慨的资助，但我依旧如此信赖他，若让他感到任何的不快，将会给我带来巨大的痛苦。并且，我相信这表面的吝啬并非是他的过错。去巴登之前我还需一些衣物，因为我确实太过于困顿，现在我穿的还是上次你见到的那件衬衫……若 9 月我不能如红衣主教所期望那般去奥洛穆茨看望他的话，我会带卡尔去找你。

1822 年夏，约翰为他的哥哥和侄子在科特巷（Kothgasse）租了一间公寓，作曲家为此犹豫不决，约翰就自己做了主。他的哥

位于维也纳彭青区（Penzing）哈迪科巷（Hadikgasse）的贝多芬故居。

哥同意了，但随后他又告诉约翰，由于产生额外的花销，他想让约翰给他提供免费的食宿。

那间公寓已经租下来了，那就先这样吧。但它到底对于我来说怎么样，这还要画个问号。——房间直通花园，但花园娱乐对于我来说却是最无益处的；入口处穿过厨房，这让我感到极其不舒服，且有损健康——并且，我还要拿三个月房租打水漂。因此，倘若可以的话，我和卡尔想搬去你位于克雷姆斯的住所并可免费食宿，直至能把这笔钱省出来为止。

当作曲家住在格奈森多夫期间，作家弗里德里希·罗赫利兹

（Friedrich Rochlitz）[1] 拜访了他，并于日后写了一篇关于这次见面的冗长记录[2]。对于后世来说，他的记载极具启发性，关于贝多芬的音乐人们很容易忘记这一点：我们面对的是一个几乎完全失去听力的人！

　　贝多芬看上去心情不错，但仍显露出不安。倘若我并没有做好准备的话，在他的注视下，我内心也会变得慌乱：并非因他随意且不修边幅的外表，或是那浓密蓬乱的黑发或诸如此类什么，而是因为他所有的一切。想象这样一位男士，50 岁左右，中等偏矮身材却极具力量感，体形粗壮结实，尤其是那强壮的骨骼结构——有点像费希特[3]，特别是那饱满浑圆的脸颊，红润健康的肤色。他闪烁万息、如电如炬的双眼绝不游移，或仅是很快一瞥。他面部的表情，尤其是那充满思想和生命力的眼睛，混合了赤忱的善良和羞涩，或于刹那间在两者中转换。他整个人举止紧绷，并带着失聪之人那种不安、忧虑去倾听，如此鲜活而触动人心。有时他会快乐自在地冒出一个词语，但顷刻间又陷入幽暗的沉寂。而他之于所有人，通过观察者得出的，还有那大众口中不变的结论是：这个人，他带给千百万人的只有幸福——那最纯粹的、精神上的幸福。他严肃地站在我面前，时而紧张地看着我的脸，时而又低下了头；然后他面露微笑，或有时友好地点点头，

1　1769—1842，德国小说家、剧作家、音乐作家。
2　选自罗赫利兹于 1822 年 7 月 9 日从巴登寄出的一封信中的内容，信件全文见于罗赫利兹所著《献给音乐之友》（Für Freunde der Tonkunst）一书。
3　即约翰·戈特利布·费希特（Johann Gottlieb Fichte，1762—1814），德国哲学家。

但却未说只字片语。他理解我了吗？或者并没有？最终我不得不停下来，因为他紧紧地和我握了握手：我们会再见面的！哈斯林格将贝多芬送出门，回来后不得不对客人们进行解释：贝多芬完全没有听懂他说的一个字；他不想去打断，因为贝多芬太敏感了。我同样真的、真的希望，至少他听懂了一部分；但街上一片喧杂，他并不十分习惯您的语言，抑或是他想要快点理解这一切，因为他看到您那么愉悦地与他交谈——这太令人痛心了！

当贝多芬不顾失聪再次坐在钢琴旁时，那种哀伤又迷人的感觉令身边人动容，英国人约翰·罗素（John Russel）为我们带来了这样一段叙述：

只要他坐在钢琴旁，世界仿佛就不存在了。他面部肌肉紧绷、血管膨胀，狂野的眼睛在转动时变得更加可怕；他双唇颤抖，看起来就像一名巫师，要战胜自己召唤而出的魔魔。若考虑到他已丧失听力，他应该不可能听到自己弹了些什么。因此，当他想轻柔地演奏时，却完全没有任何声音。他只有通过自己灵魂的耳朵去倾听，他的目光还有那几乎没有动作的双手表明，他在静听自己的流淌的情感，乐器静默无声，恰若音乐家耳无所闻。

失聪并不能阻止作曲家讨论他所热情拥护的政治信念，一天晚上，罗赫利兹看到贝多芬在餐厅中轻松地享用晚餐。于是，他的记述中描绘了一个经典场景：

贝多芬坐在一群熟人中间，但我不认识那些人。他看起来很高兴，并向我致以问候，但是我有意没去他那里。我找到了一个能够看到他的地方，因为他说话足够大声，并且我可以理解他大部分的话。这并非是一场由他展开的对话，而是他一个人在讲，滔滔不绝，仿佛在漫无目标地寻找成功。他周围的人几乎插不上话，只能报以微笑或点头赞同。

他以自己的方式谈论哲学、政治，还会谈到英国和英国人，并认为两者无与伦比地美好——从某些程度上说，这令人感到很不可思议。然后他又讲了一些关于法国人两次占领维也纳的故事，并表现出全无好感。他的讲述汪洋恣肆、毫无保留；而一切还辅以极为独特的、天真的归因，或是一些可爱的想法。在我眼中他拥有丰富而进取的思想，毫无束缚、永不停息的想象力，就如同一个正在长大、能力超群的小男孩，带着过往所经历的、所学的，以及一切涌向他的知识被放逐到荒凉的岛屿上。他思忖点点滴滴，并苦心冥想，直至将所有的碎片都拼成整体，把所有的幻象都凝聚成信念，并自信从容地将其大声讲给这个世界。

贝多芬似乎还向罗赫利兹抱怨过维也纳的音乐生活，尤其是他的音乐被认为是"过时"之时，"顶多是舒潘齐格有时还要演一首四重奏"。

的确，在贝多芬生命最后的岁月里，小提琴家舒潘齐格是艺术方面对他来说最重要的人，他演奏过作曲家的许多小提琴奏鸣曲，以及几乎全部的弦乐四重奏，并且其中绝大多数都是首演。在贝多芬最后几年中几乎只专注于四重奏创作。

在最后几部奏鸣曲后，贝多芬只为"他的"乐器写了一部大型作品。

《迪亚贝利变奏曲》

贝多芬最后三部钢琴奏鸣曲都是以宏伟的变奏曲式乐章作为结尾，E 大调第三十奏鸣曲（Op. 109）更是以变奏曲作为最终乐章，这一点不可忽视。在贝多芬创作晚期，一方面，他将关注点聚焦于赋格这一确立于巴赫时代，却被当时视作"远古"的体裁形式；另一方面，他也创作了一些变奏曲作品。因此他不仅以温柔的"小抒情曲"这一重要变奏曲作为 c 小调第三十二奏鸣曲的结尾，并紧随其后创作了最后一部大型钢琴作品：《迪亚贝利变奏曲》——一部演奏者和听众都会对其内涵、外在的浩瀚维度发出赞叹的作品。这大概并非巧合。

相较之下，创作此曲的动机则不值一提。这一系列变奏曲起源于外界的提议——并历经阴错阳差。当身为作曲家、出版商的安东·迪亚贝利提议用他创作的 C 大调圆舞曲（Walzer）简单的变奏主题进行创作时，贝多芬是不太情愿的，甚至在最初之时全无兴趣。但这一主题却显然扎根于他的内心，并迅速绽放，最终成为独立的作品灵感。

无论如何，安东·迪亚贝利都是这一想法的倡议者。他将圆

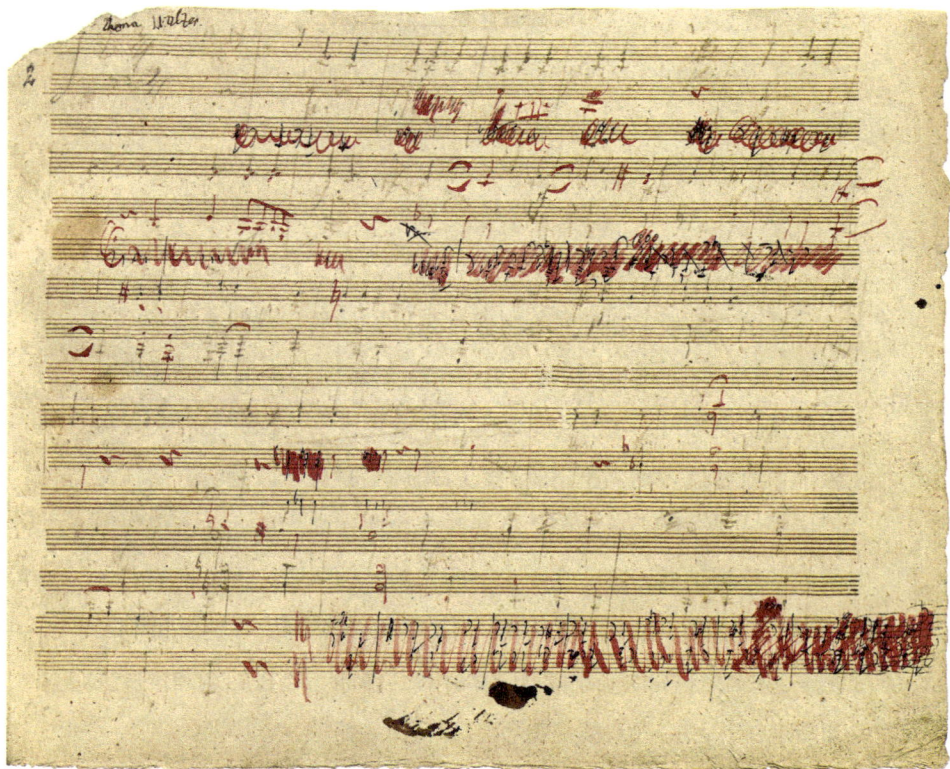

《迪亚贝利变奏曲》手稿

舞曲主题寄给了许多哈布斯堡王朝中皇室、宫廷相关的作曲家，还有不知名的大师、技艺扎实的创作者、那些历史中能在百科辞典里占一席之地之人、一些被遗忘之人，还有那些或许马上就会被重新发现的、技高一筹之人。同样，迪亚贝利也将这部小曲寄给了贝多芬——那个时代中无可争议的大师中的大师。每个受邀者都需以给定的主题创作一段变奏，并与其他作曲家的变奏一起发表，共同构成一部极具吸引力的作品集。

但源于种种原因，让贝多芬感觉受到了冒犯：首先是因为迪亚贝利将其与别的受邀者视同一律，而且他认为这个变奏主题的质量确实在水准之下。

迪亚贝利的这部圆舞曲的确无法被称为杰出之作，或许贝多芬的想象力熊熊燃起，最终直冲云霄，拉开了这云泥之别的差距。因此他立即动笔，以即兴的方式由几个单调的小节开始了变奏曲的创作。无论如何这种想法令他着魔了。1819年第一份草稿诞生，直至1823年，《以迪亚贝利圆舞曲为主题的三十三首变奏曲》（33 Veränderung über einen Walzer von Diabelli）[1] 的系列创作陆续完成。在那时当然不可能只选取其中之一收录进作品集中。在这部合集中，年轻的舒伯特，以及——在老师车尔尼的坚持下——少年李斯特（作为其首部出版的作品）同样贡献了自己的创作。（顺便一提的是，两人都创作了以C大调为主题的c小调变奏曲！）

---

1 在这里贝多芬使用了"变化"（Veränderung）一词，而非更为普遍的"变奏曲"（Variation），有学者认为，这是因为本系列中的部分变奏与主题性格着实相去甚远，因此作曲家在标题中选用此词。

贝多芬最后的寓所"施瓦茨史班尼亚尔之家",拍摄于 1904 年

　　最终编号为第 120 号作品的《迪亚贝利变奏曲》,从任何角度来说无疑都是一部集大成之作,在这 1000 余小节中,贝多芬全面回顾了他的钢琴演奏技法及作曲能力。人们可以将其视作那个时代的钢琴及作曲技巧纲要——同时也成为了对于每个钢琴演奏者来说魔鬼般难度的挑战(从技巧和音乐性来说)。

　　当人们洞察这部《迪亚贝利变奏曲》时,会确切地得到这样一种印象:在作曲家将人生最后阶段的创作献给弦乐四重奏前,他在这里再一次探索了器乐写作的所有可能性。

　　极少有像《迪亚贝利变奏曲》这般复杂的古典主义钢琴作品,贝多芬在最为有限的空间中浓缩了各种不同的情绪,制造出最突然的巨大变化和最意外的惊喜。仅第一号变奏曲就彻底质疑了迪亚贝利的主题：究竟这在多大程度上算是一首"圆舞曲"？仿佛他要用他所喜爱的亨德尔的序曲风格为作品开篇。伴随一首首变奏曲的推进，主题不断用全新的、出人意料的方式如花朵般盛放。

正如其前辈巴赫在《哥德堡变奏曲》——这部音乐史上唯一一部从内容分量上看能与之匹敌的作品中一样，贝多芬并没有仅仅对旋律进行改变，而是遵循所给定的和声结构，不断创作出具有全新个性的乐曲。"圆舞曲"的旋律只是以碎片的方式进行重现——并常常散布于钢琴的所有音域之中。

总的来说，贝多芬像是在对迪亚贝利频频宣泄音乐的怒火，将其原作丢进"碎纸机中绞碎"，并用一首又一首变奏对原作的"不胜其任"进行抗议。当在第 22 变奏中突然响起莫扎特《唐璜》中利波莱罗（Leporellos）的咏叹调"白天黑夜累得要命"（Notte e giorno Faticar）时，听起来就像作曲家（以剧中仆人的形象）向其出版商进行的控诉：我究竟还要为这"臭皮匠的补丁"操劳多久！（贝多芬用当时音乐家喜欢的"玩笑话"，来字面附会迪亚贝利这部差强人意的音乐作品。）

然后他又陷入沉思的情绪中，并最终将多个变奏组成了一个动人的柔板部分，正如在他的第九交响曲及晚期四重奏作品中最热忱的乐段一样，在不断旋转的运动中创造出静谧的声音体验。

在这个每一小节都不同寻常的变奏宇宙中，赋格必然不会被放置于结尾的位置——而是类似于之前的《英雄变奏曲》，及此后从约翰内斯·勃拉姆斯至马克斯·雷格（Max Reger）[1] 的无数奏鸣曲系列那般——放在了倒数第二的位置。在宏伟的、极具艺术性的终曲后又添加了一个"尾声"，即用一个"小步舞曲"作为结束：这一圆舞曲的过时"前身"，仿佛给了迪亚贝利这位不成功的"圆舞曲作曲家"最后一记耳光。

无论表象如何——贝多芬都通过不可思议的变化，将迪亚贝利原作中的主题一首首地变成自己的创作。

著名音乐学家路德维希·芬舍尔（Ludwig Finscher）在《迪亚贝利变奏曲》的主要动机与贝多芬最后一首钢琴奏鸣曲的"小抒情曲"间发现了惊人的关联，他如此评论《迪亚贝利变奏曲》的最后几小节："直至最终变化的倒数八小节，作为全部'变奏'过程目标的主题再次浮现出来：这是贝多芬最后一部奏鸣曲的变奏乐章那几乎没有改变的核心动机，迪亚贝利的主题变成了贝多芬自己的主题。"

这部宏大作品的受赠者是安托妮·布伦塔诺（Antonie Brentano）。如此钢琴巨作竟然被作为礼物赠予一位年轻女子？或许她就是那位"不朽的爱人"？直至今日这样的猜测从未断绝。安托妮·布伦塔诺原姓博肯施托克（Birkenstock），比贝多芬年少 10 岁，被现今一些学术研究者认为可能是那些传奇情书的收件人。

无论如何这些猜测将永无止息，终无定论。（与约瑟芬·布伦斯维克［约瑟芬·戴姆］情况不同，贝多芬与安托妮之间并未有热情的书信往来。）

---

1   1873—1916，德国作曲家、钢琴家、指挥家。

诸多迹象——包括最现代的年代测算方法——都使人对安托妮的论断产生疑问。贝多芬与这位出生于维也纳的女子,在其父身患不治之症回乡之时相识,那是 1809 年。当时她已与弗朗茨·布伦塔诺(Franz Brentano)这位法兰克福商人结婚 11 年。信件大致写作时间为 1812 年,这时贝多芬与安托妮在消夏胜地卡罗维发利相识,而这位可能的"不朽的爱人"却与丈夫在假期结束后返回法兰克福。此后,布伦塔诺和妻子都与作曲家保持着书信往来。他们都属于贝多芬最亲密的朋友圈,同时也是资助者:布伦塔诺曾给贝多芬提供过一大笔借款——1815 年贝多芬曾在他的日记中透露,他欠布伦塔诺 2300 古尔登,这可是相当庞大的数目!

无论怎样,安托妮都是这部完成于 1823 年的《迪亚贝利变奏曲》——贝多芬钢琴作品"天鹅之歌"[1]的受赠者。

对这些著名信件的"题献"的推测还包括一些别的流言蜚语。安托妮于 1813 年诞下一子:卡尔是一位晚生子,他的兄弟姐妹玛蒂尔德(Mathilde)、乔治、马克西米利安娜(Maximiliane)、约瑟法、弗兰西斯卡(Francisca)都是在 1799—1806 年间出生的。因此有这样的说法——如果贝多芬与安托妮的爱情真如信件中清楚表现的那样,卡尔则有可能是贝多芬的儿子!在卡尔出生那年,贝多芬还给他的姐姐马克西米利安娜,即贝多芬 E 大调第三十钢琴奏鸣曲的受赠者创作了一部朴实的钢琴三重

1　源自古希腊神话,即天鹅临死前会用悲伤却无比美丽的声音唱最后一曲,后指音乐家或诗人的最后一部作品。

奏（WoO 39）[1]，以供布伦塔诺这一音乐家庭"私用"；而这个家庭族长同父异母的妹妹贝蒂娜·布伦塔诺——她在1811年嫁给了诗人阿希姆·冯·阿尔尼姆（Achim von Arnim）[2]——应该极为乐意收到贝多芬的来信。她的渴望如此强烈，以至于她在生动的想象力驱使下，"创造"了两封据称作曲家写来的热情洋溢的信。但其文并非出自贝多芬，而是贝蒂娜自己的手笔。事实上，作曲家只给她写过一封私人信件。

"死亡可能随时不期而至"

1823年3月6日，在写给律师朋友约翰·巴普蒂斯特·巴赫博士（Dr. Johann Baptist Bach）的信中，贝多芬立下遗嘱。

尊贵的朋友！死亡可能随时不期而至，在那一刻，将没有时间订立具有法律效力的遗嘱了，因此我在这里亲笔写下来。我宣布，我心爱的侄子卡尔·范·贝多芬为我的单独继承人，在我死后可无条件获得我全部财产的所有权——并委托您为执行人，若无后续订立遗嘱，您有权为我亲爱的侄子K. v.贝多芬选择监护人——我的弟弟约翰·范·贝多芬除外——虽然依据权利顺序他应该被承认。此遗嘱始终有效，这将是我死前最后的愿望——发自内心地拥抱您。

1　即降B大调钢琴三重奏。
2　1781—1831，德国作家，海德堡浪漫派代表人物。

Ludwig van Beethoven's Studierzimmer

"施瓦茨史班尼亚尔之家"的起居室兼琴房。

除晚期那一系列无与伦比的弦乐四重奏外，贝多芬的想象力不再滔滔不绝。虽然在他的计划中还有第二部歌剧——伟大的弗朗茨·格里帕泽向贝多芬提议，他会根据童话《美丽的梅露西娜》（Schöne Melusine）[1]创作歌剧脚本，并请贝多芬谱写相应的乐曲草稿。

　　诗人在他的回忆录中描述了与作曲家的会面——看起来，至少是在某一段时间内歌剧《梅露西娜》是有希望的。

　　我看到他穿着脏污的睡衣躺在一张破败的床上，手中捧着一本书。对着床头有一扇小门，正如我后来所见那般，它通向食物储藏室，贝多芬几乎一直盯着那里。这样的话，当女仆端着黄油和鸡蛋出来的时候，他也能在热切的交谈中，投以目光查看所盛之物的数量。这是关于他混乱家庭生活何其悲伤的一幅图景啊。当我们走进房间时，贝多芬从床上起身，并向我伸出手，言语中吐露出他的友好和尊重，并且马上就谈到了歌剧。"您的作品就在这里，"他说着，并指了指自己的胸口，"几日后我就会搬到乡下，到时我马上就开始谱曲。只是开始部分的猎人合唱（Jaegerchor），我不知该如何入手，韦伯[2]用了四支圆号[3]，您看，我怎么也得为您用上八支圆号：这该怎么办呢？"尽管我也完全认同这推断得出的必要性，但依旧向他解释道，在不损害整体的前提下，删去猎人合唱部分也是可以的。对于这一让步他看起来很是满意，并且在

1　梅露西娜为中世纪传说中被诅咒的水怪，单纯善良、追求爱情。
2　卡尔·马利亚·冯·韦伯（Carl Maria von Weber，1786—1826），德国作曲家。
3　指韦伯歌剧作品《魔弹射手》（Der Freischütz）中的猎人合唱部分。

那之后没有对文本提出任何异议，也没有要求任何修改。是的，他坚持要与我立即签订合同，并要求我们二人平分歌剧带来的收益等等。我对他据实相告，我的工作从不会考虑报酬或者相关之类的东西……至少我们谈过此事了，他想要按部就班，如他所愿那般，但我是不会和他签合同的。在多次往来对话与笔谈之后，看得出贝多芬再也听不进去这些对话了，我就告辞了，并承诺等到他在黑森多夫（Hetzendorf）安顿好了后，会再来拜访他。

同这部《梅露西娜》一样，仅通过草稿中留下的少数笔记的还有另一部大型作品"c小调弥撒"。贝多芬再次对弥撒专用经文进行了深入研究，这与朋友里希诺夫斯基的建议有关，他告诉贝多芬，或许他终于可以在皇室宫廷中谋得一份工作——在此之前，由于作曲家那显而易见的自由思想姿态，至少被认为是"不太可靠"的。

关于皇帝的口味及维也纳天主教大弥撒司铎的需求，里希诺夫斯基甚至还提供了一些建议。

关于器乐您可以写一些小提琴、双簧管或单簧管的独奏……陛下非常喜欢赋格，但演奏时间不要过长——包含和散那（Osanna）[1] 的圣哉经（Sanctus）[2] 则越短越好，从而不妨碍其变化。若允许我补充一些自己的意见："请赐我们平安"（Dona Nobis Pacem）[3] 与《羔羊颂》

---

1 犹太教、基督教用语，原意为"上主，求你拯救"之意，后常被用作赞颂的语助词，在弥撒时唱颂。
2 拉丁文意为"神圣的""圣者"之意，指基督教会弥撒仪式所用的一种声乐套曲。
3 天主教弥撒用词。

（Agnus Dei）[1] 间不要跳动太大，尽量保持平稳；……这可以达到非常好的效果，这仅为根据我个人经验的简短陈述，供您参考。

苦难之路

根据瓦乌希医生[2]的记述，我们得以了解到贝多芬在人生最后几个月中所经历的巨大痛苦。从 1826 年 12 月中旬开始，小卡尔几乎每天都要请医生来到家中。

即使到了第八天，我仍旧被吓了一跳。在早上的探访中我发现他心烦意乱，周身长满黄疸；前一天夜里那可怕的肠胃炎几乎要了他的命。因为一件极为愤慨之事令他大发雷霆，他极为苦恼，造成了病情的暴发。他颤抖着、战栗着，肝脏与腹部的疼痛让他蜷缩在一起，他原先有些肿胀的双脚已经完全变形。从那时起，由于积水愈加严重，排尿变得非常困难，肝脏有明显的结节迹象，黄疸愈发严重。朋友们充满爱意的劝说很快平息了他即将爆发的情绪，安慰让他忘记了所遭受的每一次折磨。但病情依旧在迅速恶化，到了第三周已经出现了夜间窒息的偶然状况，为了快速改善大量积水的问题，我建议进行腹部穿刺，防止突然发生爆裂的危险。

1　又名《神的羔羊》，在罗马天主教弥撒中，是祈祷者向主祈求和平时唱颂的连祷词。

2　即安德雷阿斯·瓦乌希医生（Dr. Andreas Wawruch）。

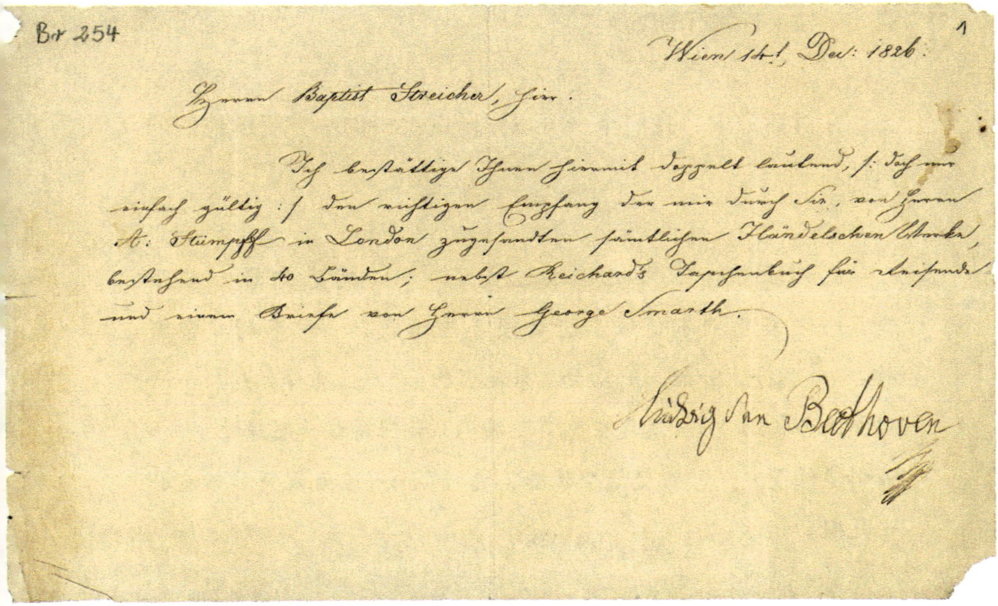

Br 254 1

Wien 14t, Dez: 1826.

Herrn Baptist Streicher, hier.

Ich bestättige Ihnen hiermit doppelt lautend, (: doch nur einfach gültig :) den richtigen Empfang der mir durch Sie, von Herrn A: Stumpff in London zugesandten sämtlichen Händelschen Werke, bestehend in 40 Bänden; nebst Reichard's Taschenbuch für Reisende und einem Briefe von Herrn George Smarth.

Ludwig van Beethoven

作曲家人生中最后的快乐之一：贝多芬确认收到了共 40 卷的亨德尔作品全集。

即便如此，贝多芬也没有完全丧失他的幽默感。当进行腹部穿刺让积水从体内排出时，他对瓦乌希医生说："您看起来就像是用手杖击打磐石的摩西。"[1]

在对话簿中，我们至少可以跟随医患中的一方了解他们的对话。

感谢上帝，万幸这已经过去了。——您感觉好一些了吗？——若感到不舒服，您必须要告诉我。——穿刺非常有效。——从今天开始，一切会越来越好的。——上帝保佑您！——温热的杏仁奶。——您现在感觉还痛吗？请保持这一侧静卧。——五倍半的量。——希望您今晚睡得更好。——您表现得非常有骑士气概。

除此之外，贝多芬依旧拥有深切的欢喜，尤其是当他获得别人赠送的整套亨德尔作品全集之时。1月16日，即医生描述中他痛苦的顶峰，贝多芬收到了那精美华丽的四十卷合集。在吉尔哈德·冯·勃罗宁的描述中，厚厚的卷本堆在大师的三角钢琴上，当经历过三次痛苦手术后的贝多芬刚刚有力气拿着亨德尔的作品翻看时，他表现的是何等地兴奋啊："这是我长久以来所梦寐以求之物啊！亨德尔是最伟大、最有才华的作曲家，从他身上我依旧能受益无穷。"

1　指《旧约·出埃及记》中摩西"磐石出水"的故事。

侄子卡尔穿上了皇家军装，1827年1月2日，他随军来到摩拉维亚的伊赫拉瓦（Iglau）。3月4日，他给叔叔这样写道：

你想知道关于我近况的确切消息，我的首长是一位极有修养之人，我非常希望能够与他相处和睦。不知道是否已经提到过，我和队里的一位中士（一个非常和善的年轻人）一起住在一个很漂亮的房间里。在这里毫不看重官阶之别，每个人都可以去自己喜欢的地方吃饭。由于经济原因，我已经更换了几次用餐的地点，现在可能会需要设立一张公用餐桌——如果确有必要的话。但是到了晚上，每个人都需要去军营外巡逻。这有一个小伙计会给我做些杂活，连同用白铅和白垩清洁制服的费用，我每月会给他1个弗罗林传统币。若多花几个古尔登的话，他会把别的需要洗的衣服也洗干净。这里还有一个剧院，经首长允许后我可以去观看演出。

在侄子启程后不久后，贝多芬便指定其为自己的单独继承人。因为参加了医生会诊，并听取了身为前任医生及密友的马尔法蒂的建议，贝多芬意识到自己已经无法恢复到健康状态了。根据瓦乌希的回忆，马尔法蒂之前曾因一次争吵与贝多芬决裂。考虑到作曲家大量饮酒的习惯，医生建议采用一种全新的疗法。

马尔法蒂博士会用他的建议支持我，作为贝多芬多年好友，他会更加倾向于理解、认可使用酒精饮料，即饮用冷冻的潘趣酒（Punsch）。我必须要说，在最初的几天中这种疗法起到了很好的作

贝多芬最后公寓的会客厅

用，通过饮用这种冰葡萄酒饮料，贝多芬感到自己的精神恢复了很多，并在当天晚上就可以彻夜安睡，同时开始大量排汗。他变得精力充沛，有各种妙趣横生的想法，甚至梦见开始完成清唱剧《扫罗和大卫》（Saul und David）的创作。

大师依旧坚持着自己的作曲计划。辛德勒曾写道：

最初几周里，潘趣酒的规定用量不得超过每日一玻璃杯；直至第四次手术后，当人们对病人好转不抱希望时，就不再规定饮用剂量了。那个时候，这位贵族因为高于正常剂量两倍甚至三倍饮酒而带来的明显效果，认为自己已经好了一半了。因此还要求要创作第十交响曲，而我们只能尽量不让他这么做。

并非所有人都对马尔法蒂的疗法充满信心，吉尔哈德·冯·勃罗宁便对此大感惊骇。

这种蒸汽浴的方式，让病情明显恶化了。以至于在仅尝试一次后就不得不放弃。将一些装满热水的罐子放置在浴盆中，并在上面厚厚铺一层桦树叶，再让病人坐在上面。除头部外，在浴盆和身体上都盖上床单。马尔法蒂认为这种操作可以作用到皮肤，并且促进组织大量排水，但其直接结果却恰恰相反：就如盐块一般，不断产生的水汽大量沁入身体，刚刚通过手术将水分排出的器官又开始水肿，仅仅几日后，就需要从尚未愈合的手术伤口处重新引出积液。

而在此时，只有作曲家自己还认为他有可能痊愈。"奇迹、奇迹、奇迹！"他给辛德勒这样写道，"这两位博学多才的绅士都被击败了，只有马尔法蒂的学识才能拯救我，还请您今天上午务必来我这里停留片刻。"

若辛德勒没有对此进行改动，并且没有相较于现实、将寄出日期推迟的话，那么这将是路德维希·范·贝多芬留下的最后一份手书便条。

令人感动的是，作为大师最后之一的书信，在那封写给他青年时代好友弗朗茨和埃莱奥诺雷·韦格勒的信中充满了对波恩时期的回忆。他在结尾处写道：

今日，我有如此之多想对你说的话，但我却如此虚弱；除了

贝多芬葬礼讣告

在心里拥抱你与你的洛琴（埃莱奥诺雷的昵称）外，我再也无能
为力了。向你与你的家人致以真挚的友情与眷恋。你年迈的、忠
诚的朋友贝多芬。

　　贝多芬人生的最后一封信写给了作曲家伊格纳兹·莫谢莱
斯。在这封 1827 年 3 月 18 日的信中，作曲家所关心的是第九
交响曲的节拍器标注："请将已用节拍器数字标注的第九交响曲
寄给爱乐者协会，随信附上所注标记。"这里所提到的速度值，
成为此后所有诠释贝多芬作品的指挥家绕不开的难题，正如面对
贝多芬钢琴奏鸣曲的原始节拍器速度标注时，钢琴演奏者们所感
到的那种困惑。

　　1827 年 3 月 26 日，路德维希·范·贝多芬逝世。作曲家

安塞尔姆·许滕布伦纳（Anselm Hüttenbrenner）[1]对贝多芬临终之时的描述经常被后世引用，维也纳作家海米托·冯·多德勒尔（Heimito von Doderer）甚至将这一情景写进了小说，这同样不可忽视。

在贝多芬生命的最后时刻，只有他的弟媳贝多芬太太与我陪伴在他临终的房中。从下午3点到5点，自我来到他这里后，贝多芬的喉咙中一直发出濒死之人的喘息，他在昏迷中与死亡抗争。突然一声惊雷，并伴随着划破天宇的闪电，刺目地照亮了这间弥漫着死亡气息的屋子（贝多芬房前堆满积雪）。在这令我惊愕的意外天象之后，贝多芬睁开了双眼，他抬起右手、紧握拳头，严肃并满面怒容地凝视了几秒钟，仿佛在说："我抗击你们这些敌对的力量！远离我！上帝与我同在！"仿佛英勇的统领向他怯懦的队伍呼喊："鼓起勇气！战士们！前进！相信我！我们定会取胜！"当他高举的手跌落床上之时，他半合双眼，我将右手放在他头下，左手置于他胸口。没有呼吸，也再没有心跳！这位伟大的音乐天才遁逃于虚伪的世界，进入了真理的王国！我为他合上了长眠的双眼，并亲吻了它们，然后是额头、嘴唇和双手。在我的恳请下，贝多芬太太剪下了一缕亡者的头发交予我，作为对贝多芬人生最后几小时神圣的纪念。

验尸报告中这样写道："肝脏缩小到正常体积的一半，如皮

1　1794—1968，奥地利作曲家、音乐评论家。

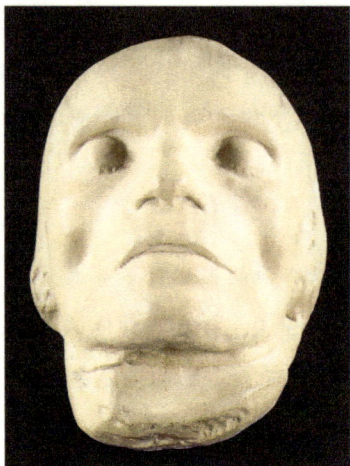

贝多芬的死亡面具

革般坚硬，呈蓝绿色，表面凹凸不平，里外布满豆粒大小的结节；所有的血管都极为狭窄，管壁增厚，血流不畅。"

肝硬化——正如贝多芬所有的病症，及后来的验尸报告中所分析指出的那样。于此相关最常提及的还有这位大师的过量饮酒。多年来，每日一瓶至一升葡萄酒对于他来说都是家常便饭。

据报纸报道，3月29日约有两万人参加了葬礼，包括帝国首都所有的音乐家。降 A 大调第十二钢琴奏鸣曲（Op. 26）中的《葬礼进行曲》被奏响，舒伯特为火炬手之一。四匹马将贝多芬的灵柩运至魏林格墓地（Währinger Friedhof），在那里，宫廷演员安舒兹致以悼词。悼词内容出自弗朗茨·格里帕泽之手，其中几段暗示了贝多芬临终前几个月的苦难之路。

弗朗兹·萨弗·斯托伯（Franz Xaver Stöber，1795—1858）所绘"施瓦茨史班尼亚尔修道院前的送葬队伍"

人生的荆棘让他遍体鳞伤，就像遇难的落水者紧紧抓住堤岸，他飞身投入你的怀抱，真与善神圣的姐妹啊，苦难者的安慰，来自上天的艺术。

贝多芬的忠实朋友斯特凡·冯·勃罗宁为这场葬礼费劲心力，在贝多芬去世不久后也撒手人寰。处理贝多芬遗产使其承受了巨大的心理压力。1827年6月，斯特凡离世。

11月，这位伟大作曲家的人生所留之物被进行拍卖，包括他的钢琴以及书籍、笔记中所记载之物。

关于贝多芬遗产的拍卖，包括贝多芬及其他人的作品、手稿、草稿本等。将于1827年11月5日在煤炭市场（Kohlmarkt）

1149 号，楼梯后侧、2 楼举行。由 H. 安东·格拉弗（H. Anton Gräfer）主持。此次拍卖收益总额共 1440 弗罗林传统币 18 克朗。

在拍卖师的简短记录中如此写道。勃罗宁家的儿子吉尔哈德借此机会购得了两幅女性肖像，据称其中一幅所绘之人便是裴莉塔·圭齐亚蒂。"据称"——正如在研究贝多芬作品时始终存在的一样，又如在综览贝多芬生平会出现的那般——全部一切都是问号。一如我结束了一次贝多芬全集的演奏：第 111 号作品的终乐章刚结束，我就希望立即能重头再来……

后　记

　　世界传奇钢琴大师鲁道夫·布赫宾德（Rudolf Buchbinder）是中国乐迷的老朋友了。他是我们这个时代富于传奇色彩的钢琴巨匠，也是诠释贝多芬作品的泰斗级人物。他在60多年的艺术生涯中，以独特的方式将灵感与自然融为一体。他诠释的曲目受到全世界的称颂，既富含智慧的深度，又充满音乐家的自由奔放。布赫宾德是第一位在萨尔茨堡音乐节中，在一次夏季音乐盛会中演奏全部贝多芬奏鸣曲的钢琴大师。

　　2020年是贝多芬诞辰250周年，布赫宾德将受邀在维也纳音乐家协会2019/2020音乐会演出季中，奉献全部五场贝多芬钢琴音乐会。布赫宾德的合作伙伴举不胜举，其中包括由安德里斯·尼尔森斯（Andris Nelsons）指挥的莱比锡布商大厦管弦乐团，由里卡多·穆蒂（Riccardo Muti）指挥的维也纳爱乐乐团，由马利斯·杨松斯（Mariss Jansons）指挥的巴伐利亚广播交响乐团，由瓦莱里·捷杰耶夫（Valery Gergiev）指挥的慕尼黑爱乐乐团和由克里斯蒂安·蒂勒曼（Christian Thielemann）指挥的德累斯顿国家管弦乐团。

　　30年来，吴氏策划致力促进国际性音乐艺术交流，将世界闻名的音乐大师及其演出引入中国。在贝多芬诞辰 250 周年之际，吴氏和生活·读书·新知三联书店合作，将布赫宾德叙写与贝多芬跨越时空的思想交融、展现其艺术生命非凡体验的著作献给所有爱乐人。

非常感谢李菁女士促成本书的出版合作。

编译组成员有：彭茜、于昕、陶琳莉、李诗涵、糜颜雯、孙哲、顾佳奇、中岛。

本书翻译得到了张添羽先生极大的支持，作为顾问，他在翻译过程中提供了许多中肯且专业的建议。

郭斯宜先生在翻译过程中提供大量技术帮助。

在此，谨向他们致以衷心的感谢。

吴氏策划

2020 年 10 月